Méthodologie de l'observation sociale

Collection *Action sociale*

Ouvrages généraux

Jean Afchain
Les Associations d'action sociale

Michel Autès
Les Paradoxes du travail social

Chantal Guérin-Plantin
Genèses de l'insertion

Hélène Hatzfeld
- *Construire de nouvelles légitimités en travail social*
- *Méthodologie de l'observation sociale*

Interco CFDT
Les Nouveaux Acteurs du social

Jacques Ion
- *Le Travail social à l'épreuve du territoire*
- *Le Travail social au singulier*

Philip Mondolfo
Repenser l'action sociale

Établissements et professions

Paul Fustier
Le Travail d'équipe dans l'institution

Bernard Honoré
L'Hôpital et son projet d'entreprise

Jean-René Loubat
- *Élaborer son projet d'établissement social et médico-social*
- *Résoudre les conflits dans les établissements sociaux et médico-sociaux*

Jean-Luc Martinet et coll.
Les Éducateurs aujourd'hui

Yves Matho, Roland Janvier
Le Droit des usagers des établissements

Joseph Rouzel
Le Travail d'éducateur spécialisé

Méthodologie et environnement juridique

Joëlle Allouche-Benayoun, Marcel Pariat
La fonction formateur

Francis Alfödi
L'Évaluation en protection de l'enfance

Jacques Danancier
Le Projet individualisé dans l'accompagnement éducatif

Colette Duflot
L'expertise psychologique

Pierre Gourgand
Les Techniques de travail en groupe

Pierre Verdier, Jean-Pierre Rosenczweig
- *Le Secret professionnel en travail social*
- *Les Responsabilités en travail social*
- *La Parole de l'enfant*

Handicapés et adultes en difficulté

Alain Blanc
Les Handicapés au travail

Annie Broyer-Labrouche
Renaître après l'accident

Jean-Claude Cébula
L'Accueil familial des adultes

Henri Gomez
La Personne alcoolique

Jean-Jacques Schaller et coll.
Accompagner la personne en difficulté

Henri-Jacques Stiker
Corps infirmes et sociétés

Bernadette Soulier
Aimer au-delà du handicap

Personnes âgées

Jean-Jacques Amyot
Travailler auprès des personnes âgées

Dominique Argoud, Bernardette Puijalon
La Parole des vieux

Robert Hugonot
La Vieillesse maltraitée

Marie-Louise Lamau et coll.
Manuel de soins palliatifs

Michel Personne
- *Soigner les personnes âgées à l'hôpital*
- *Le Corps du malade âgé*
- *Prendre en charge les personnes âgées dépendantes*

Martine Ruszniewski
Face à la maladie grave

Hélène HATZFELD
Jackie SPIELGESTEIN

Méthodologie de l'observation sociale

Comprendre, évaluer, agir

DUNOD

ISBN 2 10 004242 4

ISSN 1269-8792

Table des matières

Avertissement

Comment les intervenants sociaux peuvent-ils faire de l'observation sociale et ainsi contribuer à une meilleure évaluation des besoins et à de nouvelles dynamiques des politiques sociales ?

Non pas en se transformant en sociologues ou en statisticiens d'occasion – position inconfortable et risquée –, mais en adoptant une démarche adaptée à leurs réalités professionnelles. L'observation sociale que nous proposons s'appuie sur les informations de terrain que les intervenants sociaux recueillent dans leur travail quotidien. Cette méthode, que nous avons pratiquée depuis plusieurs années au service social de La Poste, est applicable partout où existe un groupe d'intervenants sociaux : au sein des départements, des entreprises, des administrations, des associations, comme le prouvent de nombreux exemples.

Nous montrons comment les intervenants sociaux peuvent :

- construire une approche sociale de leur pratique, en apprenant à passer d'un regard sur chaque individu à une prise en compte de leurs caractéristiques communes ;
- formaliser leurs observations : les trier, les nommer, les mesurer, de façon rigoureuse et fiable ;
- communiquer ces observations, tout en respectant la vie privée de la personne ;
- contribuer à la prise de décision et à l'élaboration de politiques sociales mieux adaptées ;
- et ainsi, acquérir de nouvelles compétences et de nouvelles légitimités.

Le lecteur trouvera donc ici :

– un cadre théorique indispensable à la pratique maîtrisée, durable et valorisante de l'observation sociale, qui permettra à chacun de réfléchir à ses finalités et à ses enjeux, en fonction de sa situation concrète ;
– une démarche pour construire un dispositif d'observation sociale à partir des informations dont disposent les intervenants sociaux : caractéristiques des personnes reçues, évolution, nature des demande ;
– des outils pratiques : grilles d'analyse des personnes reçues, plan de rapports d'observation sociale, modes de calcul simple de pourcentages, exemples.

En fonction de ses préoccupations, chaque lecteur peut choisir son mode de lecture. Le responsable d'un service social (d'une entreprise, d'une administration) qui souhaite mettre en place une mission d'observation sociale, celui qui, dans le cadre du montage d'un observatoire local, veut préparer la contribution des intervenants sociaux, sont invités à lire l'ensemble et en particulier les chapitres 1 à 3. Ils y trouveront les principales questions qu'il vaut mieux prévoir que subir en cours d'expérience. Le lecteur, qui désire surtout trouver des outils pratiques et des exemples, pourra entreprendre sa lecture au chapitre 4 : il abordera ainsi successivement les différents aspects de la démarche, depuis la façon de tirer de son travail quotidien les données de l'observation sociale, jusqu'à leur communication. Pour en simplifier la lecture, chaque chapitre est précédé d'une fiche synthétique indiquant les points principaux à retenir et jalonné de résumés encadrés.

La méthode présentée ici s'appuie sur des pratiques réelles : nous les citons, parfois de façon détaillée, afin que le lecteur trouve des illustrations concrètes aux réflexions théoriques, qu'il voie comment on peut construire une observation sociale à partir d'exemples familiers, et qu'il puisse ainsi transposer la méthode plus facilement à son propre contexte.

Les pratiques d'observation sociale que nous présentons en exemples sont variées : elles nous ont été transmises par des responsables de services sociaux, d'observatoires sociaux, des militants associatifs, des assistants sociaux, des éducateurs, des formateurs... Dans tous les cas, les propos tenus et les citations de documents ont été revus et approuvés par leurs auteurs. Nous tenons ici à les remercier chaleureusement pour le temps qu'ils nous ont consacré en entretien, et pour les expériences qu'ils nous ont faites connaître. Sans eux, ce livre ne pourrait pas témoigner de la richesse et de la diversité des pratiques d'observation sociale actuelles. Nous remercions également tous ceux qui, responsables de l'observation sociale, assistants sociaux, sociologue, ont accepté de lire la première version de cet ouvrage et nous ont aidés par leurs remarques et leurs suggestions. Nous remercions en particulier les dirigeants de l'Observatoire national de l'action sociale décentralisée pour l'intérêt qu'ils ont porté à notre démarche et pour leur soutien.

Avec tous ceux qui ont contribué à la réflexion sur ce livre, nous partageons la conviction que la pratique de l'observation sociale est aujourd'hui, pour les métiers du social, une source fondamentale de compétences et de légitimités nouvelles.

Introduction

> « Pour l'histoire des individus, il suffit de recueillir les faits ; mais celle d'une masse d'hommes ne peut s'appuyer que sur des observations ; et pour les choisir, pour en saisir les traits essentiels, il faut déjà des lumières, et presque autant de philosophie que pour les bien employer. D'ailleurs, ces observations ont ici pour objet des choses communes, qui frappent tous les yeux, que chacun peut, quand il veut, connaître par lui-même. »
>
> Condorcet, *Esquisse d'un tableau historique des progrès de l'esprit humain*, Garnier-Flammarion, p. 261.

Ce livre est d'abord destiné à tous ceux qui chaque jour, depuis longtemps ou depuis peu, aident, conseillent, réparent, retissent fil à fil les liens : travailleurs sociaux labellisés – assistants sociaux, éducateurs, conseillers en éducation sociale et familiale notamment – ; personnes exerçant des métiers d'action sociale au sens large – travailleuses familiales, formateurs des organismes d'insertion, chargés de mission dans des quartiers, animateurs sportifs, agents ANPE détachés sur le dispositif RMI ; membres d'associations humanitaires ou caritatives ; nouveaux métiers de l'animation et de la médiation.

Ce livre s'adresse aussi à tous ceux qui impulsent, organisent, conçoivent les interventions sociales, dirigent les services d'action sociale, animent des équipes.

Tous, qu'ils soient employés d'une collectivité locale ou de l'État, d'une entreprise, une administration ou une association, vivent les transformations de la société dans leur activité quotidienne.

Mais beaucoup peinent à adapter leurs réponses. Professionnels du travail social ou bénévoles, ils s'interrogent : quelle aide réelle apporte-t-on quand l'urgence envahit l'horizon, quand la diversité des situations dissout les repères, atomise l'action, quand on ne parvient pas à prendre du recul, quand on ne sait plus dire ce que l'on fait ? Quelle efficacité quand on n'arrive plus vraiment à comprendre les bouleversements, à se situer, à faire reconnaître ses interventions ? Comment transformer les métiers et les modes d'intervention pour répondre aux besoins ? Au sentiment largement partagé que les moyens d'action sont inadaptés, qu'on rapièce et replâtre plus qu'on n'a prise sur les problèmes, font écho les critiques et les attentes des employeurs.

Particulièrement affirmées par les conseils généraux, ces attentes sont également présentes chez tous les autres acteurs de l'action sociale : municipalités, caisses d'allocations familiales, grandes associations, établissements sociaux, directions des ressources humaines d'entreprises. En première ligne de l'action sociale depuis la décentralisation, les conseils généraux ont progressivement pris la mesure de leurs responsabilités. Ils ont défini les conditions nécessaires pour élaborer des politiques sociales adaptées aux réalités de leur territoire : réorganisation des structures, nouveaux découpages territoriaux, budgets, partenariats. Ils ont fait le constat des lacunes les plus graves : manque de connaissance précise des populations bénéficiant d'une aide sociale, absence de systèmes d'informations sur les demandes et les réponses apportées, pas d'anticipation des besoins, faible maîtrise des actions dans la durée, pas d'évaluation des résultats. Ce sont ces constats qui ont conduit à la formulation de nouvelles exigences à l'égard des travailleurs sociaux : contribuer par leur connaissance précise des populations à la compréhension des phénomènes sociaux propres au territoire d'intervention, et ainsi à l'élaboration de politiques de traitement et de prévention mieux adaptées et mieux maîtrisées.

Le développement de multiples formes d'observation sociale, d'observatoires tant en entreprise que dans des villes ou des départements, est une réponse à cette exigence : élaborer une connaissance suffisamment large et précise, quantitative et qualitative pour fonder des politiques sociales adaptées.

Les sociétés modernes abondent en moyens d'informations : questionnés, sondés, interviewés, recensés, numérotés, etc., nous sommes l'objet d'investigations multiples, souvent complexes et savantes. Ces informations, synthétisées et comparées, constituent la base de l'observation sociale. Mais elles ne permettent pas de comprendre en profondeur les comportements sociaux et ne suffisent pas à déterminer des moyens d'action appropriés. Or c'est précisément cette connaissance approfondie que peuvent apporter les intervenants sociaux : par leur pratique quotidienne d'entretiens avec les personnes qui sollicitent une aide, de discussions informelles, d'observations, de réunions, etc., ils disposent de tout un capital d'informations et de connaissances qui complètent et éclairent les autres sources d'informations. Ces informations sont un atout précieux pour la compréhension des phénomènes sociaux et de leur évolution. Mais elles restent aujourd'hui éparses, informes, non mises en valeur.

Comment faire contribuer cette connaissance à la compréhension des phénomènes sociaux ? De deux façons. La première concerne tous les intervenants sociaux : nous montrons comment, en donnant une forme appropriée à cette connaissance, ils peuvent la transmettre et en faire un outil apprécié d'aide à la décision. La seconde s'adresse plus particulièrement aux cadres et responsables des interventions sociales : nous étudions les principaux problèmes posés par la constitution d'un dispositif d'observation sociale ; nous mettons en évidence la contribution spécifique que les intervenants sociaux peuvent lui apporter, l'intérêt qu'elle représente et analysons à quelles conditions ils sont susceptibles de le faire.

Faire des informations détenues par les intervenants sociaux une source de l'observation sociale répond à un double enjeu : permettre une meilleure connaissance des phénomènes sociaux, et aussi adapter l'action sociale aux transformations de la société. La diversité des modes d'intervention sociale, la confusion et la concurrence qui se manifestent parfois sont le signe de profondes évolutions. Si l'assistante sociale a perdu le monopole de la professionnalité depuis longtemps, le contenu du métier, l'exercice d'une relation individuelle, les fondements et valeurs centrés sur la personne ne suffisent plus à assurer la légitimité des actions. Depuis de nombreuses années, des formes collectives d'intervention sociale ont été mises en œuvre, souvent pour répondre à de nouveaux problèmes sociaux : participation à des actions contre le Sida, les maladies addictives, montage de structures d'insertion. Mais aujourd'hui l'enjeu ne se limite pas à organiser un travail collectif, partenarial. Il porte sur la remontée synthétique de l'information.

Dans certains départements, dans des entreprises, des administrations, les services sociaux ont organisé des systèmes de remontée des informations : rapports d'activité comportant une part d'analyse des populations et des problèmes sociaux, réunions faisant la synthèse des informations individuelles, participation à des « tableaux de bord » locaux, petites études menées à l'initiative de quelques travailleurs sociaux. Les diagnostics préalables à l'élaboration de projets de développement social urbain, contrats de ville, créations de clubs de prévention, actions de caisses d'allocations familiales sur des territoires mal connus ont aussi multiplié les possibilités de valoriser les informations des intervenants sociaux. Enfin, l'informatisation des services a souvent été l'occasion ou le support de nouvelles attentes : avoir une vision claire de son travail sur l'année, pouvoir le comparer à celui d'autres années, d'autres équipes… Elle a permis que des projets de collectes d'informations auprès des travailleurs sociaux s'esquissent sur de nouvelles bases.

Toutes ces tentatives diverses, plus ou moins poussées, plus ou moins longues pour organiser les connaissances de terrain des intervenants sociaux et les transmettre, les rendre utiles à la fois pour eux-mêmes et pour les institutions responsables des politiques sociales, sont à la source de ce livre. Les nombreux entretiens que nous avons menés avec des responsables de services sociaux, avec des directeurs de l'action sociale, les multiples rapports, tableaux de bord, diagnostics, études qu'ils nous ont transmis, fondent notre conviction : l'observation sociale est un élément décisif pour donner une nouvelle professionnalité aux intervenants sociaux. Savoir formaliser les connaissances issues des entretiens et des observations quotidiens, présenter de façon synthétique les caractéristiques des personnes, classer leurs demandes, mesurer leur importance relative, apprécier les évolutions constituent les fondements les plus sûrs de l'adaptation de l'action sociale aux transformations de la société.

Ce livre a pour origine une aventure commune : la mise en place de la contribution des 270 assistants de service social de La Poste à l'observation sociale. Définie dès 1991, la nouvelle mission – « contribuer à l'analyse des besoins sociaux en transformant des informations de terrain en réflexion stratégique s'inscrivant dans le cadre de l'observation sociale » – a conduit à une profonde transformation des démarches et des positions, permis une meilleure maîtrise de la conduite des actions, donné de nouvelles compétences aux assistants sociaux. Jackie Spiegelstein, assistante sociale, conseillère technique nationale à La Poste, en a assuré la direction ; Hélène Hatzfeld, avec la collaboration de Sylvie Strudel, a organisé la formation.

Ce livre croise aussi deux démarches à la fois théoriques et pratiques : l'une s'appuie sur une longue expérience de responsabilité du travail social en entreprise pour dégager et développer les potentialités des métiers du social ; l'autre emprunte à la sociologie réflexions, méthodes et outils pour donner forme et force à l'observation sociale des intervenants sociaux.

Nous avons conçu ce livre comme un guide méthodologique de l'observation sociale.

C'est un guide : il vise à montrer pourquoi et comment on peut faire de l'observation sociale, même modestement, sans concevoir un dispositif lourd, pour rassembler, synthétiser et rendre lisibles les connaissances des intervenants sociaux issues de leur pratique.

Il apporte une méthode : celle de la construction d'une démarche rigoureuse, adaptée aux réalités de l'action sociale. En s'appuyant sur une diversité d'expériences, il fait réfléchir aux problèmes que pose le recueil de données – définitions, fiabilité, mesure, présupposés, modes d'interprétation… –, met en évidence les termes des choix et leurs enjeux. Il montre les solutions possibles et expose les résultats obtenus.

Fondé sur un point de vue transversal, ce livre ouvre sur la construction d'une nouvelle culture du social : sachant comprendre les logiques économiques et politiques, passer de l'analyse des cas individuels à celle des phénomènes sociaux, aller du diagnostic de situations à l'élaboration de projets d'action et à l'évaluation.

Outil de connaissance et d'action, l'observation sociale peut être pour les intervenants sociaux beaucoup plus que cela : le creuset d'une nouvelle identité professionnelle et de nouvelles légitimités.

Le parcours que propose ce livre explore successivement les principales questions que pose l'organisation d'une observation sociale par des intervenants sociaux.

Les deux premiers chapitres sont consacrés à définir l'observation sociale : par sa genèse au croisement du management et de la sociologie, par ses finalités propres, qui la distinguent notamment de la veille sociale ou de l'étude de climat social, par les nouvelles exigences que suscitent les profondes transformations du monde contemporain, par la place d'interface qu'occupe le social entre l'individuel et le collectif, entre le politique et l'économique.

Le chapitre 3 s'adresse plus particulièrement aux lecteurs qui souhaitent monter un dispositif d'observation sociale : il expose les termes des choix à effectuer : quels objectifs fixe-t-on à la pratique de l'observation sociale ? Que veut-on observer exactement ? Quand ? Où ?

Dans les chapitres 4 à 7, nous montrons la méthode de l'observation sociale : ce que veut dire formaliser les informations recueillies, comment on peut construire une démarche fiable, appréciée des interlocuteurs parce que fondée sur des principes clairs : définir, compter, constater, analyser, interpréter.

Le chapitre 8 est consacré à la communication de l'observation sociale : quelles formes conviennent ? Quelles informations transmettre pour répondre aux exigences de connaissance et de compréhension des phénomènes sociaux tout en respectant la vie privée des personnes et leur anonymat ? Nous montrons que la façon dont est communiquée l'observation sociale des intervenants sociaux est essentielle parce qu'elle révèle la capacité à tenir compte des logiques des autres acteurs.

Le parcours s'achève par l'analyse des effets de la pratique de l'observation sociale. Pour les employeurs et responsables : apports de connaissances originales, aide à la prise de décision, etc. Pour les intervenants sociaux : en acquérant de nouvelles compétences, en sachant mieux se situer, ils deviennent des interlocuteurs légitimes, reconnus dans la contribution qu'ils apportent à l'élaboration de politiques sociales. L'observation sociale fait des intervenants sociaux des acteurs de la transformation des métiers du social.

1

Naissance d'une démarche

L'observation sociale
des intervenants sociaux

Une démarche pour…

connaître	**évaluer**	**agir**
↓	↓	↓
les phénomènes, les perturbations et les dysfonctionnements sociaux à partir d'informations émanant de la réalité quotidiennne.	les besoins et les réponses des populations concernées.	sur les dysfonctionnements constatés en contribuant à l'élaboration des politiques sociales, au traitement et à la prévention des perturbations constatées.

Un outil…

de mesure et de compréhension globale du social	**au service des**	**qui permet**
↓	↓	↓
– s'appuyant sur des informations de terrain, – complémentaire d'autres moyens d'investigation.	– responsables des politiques sociales des collectivités locales, des entreprises, etc., – intervenants sociaux.	– d'aider à la décision, – d'accompagner les changements, – de réduire les incertitudes.

Observer la société pour en comprendre le fonctionnement n'est pas une préoccupation nouvelle. Statistiques, monographies, enquêtes sociologiques de divers types fleurissent depuis près de deux siècles. Dans ce vaste champ, l'observation sociale est une pousse récente. Née dans le terreau du management des entreprises, métissée de sociologie, elle s'étend aujourd'hui aux politiques sociales des départements et des municipalités. C'est aussi une pousse prolifique... au point que l'on se perd dans le cousinage : observatoires sociaux, dispositifs de veille sociale, diagnostic social, climat social... Essayons de nous repérer dans cette famille, en traçant brièvement ses origines et en identifiant les parentés. Nous montrerons à partir de là comment les intervenants sociaux peuvent en faire un outil adapté aux enjeux de l'action sociale aujourd'hui.

UNE PRÉOCCUPATION ANCIENNE

La préoccupation de l'observation de la société est ancienne[1]. Elle naît en même temps que les sciences de la société, que l'économie. À la fin du XVIIIe siècle, des penseurs tels que Quesnay ou Condorcet en France, William Petty en Angleterre, développent l'idée que seule l'observation peut permettre de connaître la société. Un champ de connaissance se constitue : la société comme ensemble d'hommes, comme système de relations, d'échanges, et non simplement l'homme, l'individu, tel qu'il avait été privilégié dans les siècles précédents. La méthode est empruntée aux sciences qui naissent ou se développent à l'époque, sciences physiques et mathématiques, sciences naturelles : observer, chercher des régularités en vue de formuler des lois, calculer des statistiques pour établir des probabilités, plutôt que se fonder sur son intuition pour généraliser des tendances. L'enjeu est celui qui anime la Philosophie des Lumières : rationaliser la compréhension du monde, rendre prévisible son évolution, donner à l'homme les moyens d'agir sur la société pour assurer la marche vers le progrès.

Mais l'observation de la société prend un sens bien différent dès le milieu du XIXe siècle lorsqu'elle devient un outil pour connaître et combattre les dégâts de la révolution industrielle sur la société. Les premières études sur la situation des ouvriers et plus largement sur la misère des classes populaires initient des pratiques d'enquête par

---

1. Pour une histoire plus détaillée, *cf.* Gérard Martin (dir.), *La dynamique des politiques sociales. Observation. Management. Évaluation,* L'Harmattan, 1998.

observations et entretiens. Réalisées à des fins philanthropiques mais aussi de contrôle, les enquêtes sociales sont fondées davantage sur l'interrogatoire que sur l'expression libre. C'est Frédéric Le Play qui inverse la méthode en affirmant : « Mieux vaut écouter qu'interroger » dans son *Instruction sur l'observation des faits sociaux selon la méthode des monographies de familles* (1887). Mais il faudra beaucoup de temps pour qu'il soit entendu.

Au XXe siècle, l'observation de la société se développe sur de nouvelles bases : celles ouvertes par la sociologie de Durkheim (en France) et par l'étude des comportements (en Angleterre et aux États-Unis, dès les années 1920). La démarche sociologique consiste à chercher des facteurs objectifs qui rendent compte des différences de comportements entre individus : âge, sexe, niveau d'étude, etc. Elle vise à découvrir des régularités, à les mesurer et à établir des catégories de comportement en fonction des caractéristiques sociales des individus.

En France, c'est seulement dans les années 1970 que l'observation de la société prend un tour plus pragmatique. Initiée dès l'entre-deux guerres aux États-Unis, puis en Europe, cette orientation est liée à la recherche de meilleurs outils de connaissance et de prévision dans une logique d'efficacité et de rationalisation des décisions.

La fin des années soixante-dix a fait tomber bien des évidences : le développement massif et durable du chômage, les lourdeurs du centralisme, les impasses financières de la conception tutélaire de l'État, plus encore les remous économiques mondiaux et l'impossibilité de prévoir les évolutions au-delà de termes très courts, ont rendu nécessaire la mise au point de nouveaux outils de connaissance, d'aide à la décision et de prévision des tendances. L'observation sociale fait partie de ces outils.

AUJOURD'HUI : UN OUTIL POUR CONNAÎTRE ET AGIR

> « Avant toute action, il faut s'accorder sur un diagnostic commun ; avant d'agir, il faut regarder pour mieux comprendre. »
>
> Observatoire de Quimper, Première phrase du préambule.

L'observation sociale est un outil de réduction des incertitudes, notamment par la compréhension qu'elle apporte des phénomènes sociaux. Par son apport de connaissances, par la constitution d'un savoir transversal, elle devient aussi un outil d'élaboration de politiques sociales, notamment au niveau local.

Un outil de réduction des incertitudes

La période actuelle est vécue sous le signe de l'incertitude par opposition à celle de l'après-guerre, des Trente glorieuses. Le problème n'est pas que la situation économique ou politique, la société soient réellement devenues instables. L'incertitude est d'abord dans la représentation qu'on en a. Elle tient à l'effondrement de croyances et de systèmes de pensée qui avaient notamment pour rôle d'insérer les faits de conjoncture dans une dynamique, une structure, un ordre et ainsi de leur donner sens : sens de l'histoire, sens du progrès, sens de la lutte des classes et de la libération des opprimés. Un lien était ainsi établi entre le passé et l'avenir : l'observation de régularités tendait à prendre la forme de lois scientifiques et de raisonnements déterministes. Il semblait possible de prévoir l'avenir. L'incertitude fondamentale d'aujourd'hui tient aussi à la prise de conscience que ce qui se passe en France a partie liée avec ce qui se passe dans le reste du monde. Nous avons affaire à des systèmes ouverts, pour reprendre l'expression des biologistes, c'est-à-dire en échange continuel avec d'autres systèmes. La prise en compte du « hasard » et non seulement de la « nécessité » dans le développement des systèmes du vivant (Monod, 1970) s'est étendue bien au-delà de son domaine d'origine.

L'information qu'apporte l'observation sociale n'est bien sûr nullement une prédiction ; elle ne produit pas de connaissance du futur. Mais par les liaisons qu'elle établit entre des observations passées et présentes, par sa capacité à donner sens à ces observations, elle fonctionne comme un réducteur d'incertitude. Elle a donc trouvé un premier champ de développement dans des entreprises comme outil de gestion. Le livre de Claude Loignon et Jacques Igalens, *L'observation sociale : prévenir les conflits et accompagner les changements. L'observation sociale au service des entreprises et des administrations* est le témoin de cette démarche de construction d'un outil conceptuel et pratique par le management. « C'est l'appropriation de l'information pertinente en temps opportun qui permet au responsable de construire sa décision pour essayer de piloter l'organisation dans la direction choisie », affirment Jacques Igalens et Claude Loignon (1997, p. 10). Ils ajoutent, à propos du changement : « C'est également l'observation qui lui (au responsable) permet de rectifier le tir lorsque la cible est mouvante ou lorsque la décision n'emporte pas les effets escomptés. Parmi d'autres outils de gestion, l'observation est un outil d'aide à la décision ».

Un outil des politiques locales

L'observation sociale devient peu à peu un outil d'élaboration des politiques locales. La décentralisation de 1982, en attribuant aux conseils généraux la majeure partie des compétences en matière sociale, a favorisé de nouvelles prises de responsabilité au niveau des départements et des villes. Parallèlement, les politiques de l'État (politiques de la Ville, de l'emploi, de l'insertion) prennent leurs formes concrètes au niveau local : la territorialisation des politiques est une donnée importante du contexte d'action actuel. Si la part laissée à l'initiative locale est grande et fait fortement varier les situations d'un département à un autre, cela signifie aussi que la connaissance précise de leur contexte spécifique par les acteurs locaux est primordiale. La carence d'outils de connaissance précis des populations est fortement ressentie.

Nombre d'incertitudes sont certes liées aux administrations centrales, à des règlements qui attendent la signature d'un ministre, à des incohérences de dispositifs empilés, à des retards de subventions. Mais bien d'autres tiennent à une insuffisante maîtrise des données locales. À l'époque où les plans scandaient la vie nationale comme autant de dynasties, les politiques sociales consistaient essentiellement à définir des populations-cibles, victimes de la croissance économique, selon la première approche de l'exclusion donnée par René Lenoir (1974), ou cumulant des « problèmes sociaux ». Ces politiques se révèlent inadaptées pour répondre aux profondes mutations des années soixante-dix et à leurs effets sociaux : jeunes retraités, salariés prenant des arrêts de travail à cause de problèmes psychologiques, etc. Fondées sur des études statistiques générales, elles ne connaissent « que des usagers abstraits, atomisés, qu'elle(s) prétend(ent) traiter, conformément au discours idéologique sur le service public, sans distinction de classe, de religion ou de race » (Jobert, 1981, p. 129). L'inscription des politiques sociales au niveau local rend nécessaire une connaissance plus fine, plus concrète des populations et des ressources locales. Le développement des observatoires sociaux locaux vise en partie à répondre à cette exigence.

Un outil de connaissance du social

L'observation sociale, comme les politiques sociales, a pour champ d'action le social. Ce terme, employé en de multiples sens, suscite de nombreuses ambiguïtés : dans les entreprises, les dirigeants l'emploient souvent pour désigner les conflits avec les salariés ; plus généralement, il sert d'ellipse à « cas sociaux » ; les travailleurs sociaux quant à eux l'emploient volontiers pour désigner leur activité : le social serait constitué par l'ensemble des formes d'aide. Ce sont des sens restreints. L'observation sociale entend social au sens large, étymologique de « lien ».

Comme le note Danièle Debordeaux en 1996, « une des principales difficultés (de l'observation sociale) semble résider dans l'écart important entre :

- la conception du social qu'a le politique : un ensemble de problèmes sociaux qui apparaissent dans un espace donné, quand l'ordre social est menacé ou quand la misère est trop voyante ("Il n'y a pas de question sociale, il n'y a que des problèmes sociaux" (Gambetta)) ;
- et la conception que peuvent en avoir les experts ou chercheurs : le social comme processus, comme relation entre groupes sociaux, conduisant à des différenciations et des formes de cohésion.

Pour le politique, le social apparaît plutôt au travers de symptômes visibles qui seront traités curativement, que comme interrogation sur les processus qui ont conduit à ces symptômes ».

Le social : les liens des hommes entre eux

Social désigne ce qui constitue la société comme société, ce qui fait que les individus ne sont pas des atomes séparés mais sont liés de multiples façons, plus ou moins fortes et durables : par leur âge, leur sexe, la formation de familles, de villes, les groupes de travail, les religions, les idées, les modes de régulation de leurs conflits.

De façon plus spécifique, le social désigne ceux des liens qui posent problème au sein d'une société à une époque donnée. Ils constituent la question sociale : centrée sur l'exploitation et l'oppression des ouvriers au XIXe siècle, elle s'est déplacée à la fin du XXe siècle vers les divers processus d'exclusion. Donc l'observation sociale porte une attention particulière aux liens les plus fragiles, les plus en tension : concrètement, les personnes les plus en difficulté pour résoudre leurs problèmes de travail, de logement et de santé, celles qui ne trouvent pas ou plus dans la société les ressources nécessaires pour subvenir à leurs besoins, qui sont déjà dans un processus d'exclusion, celles aussi que le moindre nouvel aléa risque de jeter sur le bord de la route.

Le social : une interface

Historiquement, le social s'est constitué comme une interface. Il est la reconnaissance par le politique que n'existent pas seulement des individus isolés, ayant des droits civils ou politiques, mais aussi des caractéristiques communes, dignes d'être défendues.

Parce qu'il est constitué par l'ensemble des liens entre individus, le social tisse de multiples fils, croise tous les aspects de la vie : l'économique, le politique, le culturel, etc. Il apparaît ainsi non comme un domaine d'intervention à part, mais comme une interface à d'autres domaines, sans lesquels il est impossible de renouer des liens défaits. Le Revenu minimum d'insertion articule un aspect économique (revenu) et social (contrat d'insertion). De même, faire respecter les droits des étrangers sans-papiers nécessite-t-il à la fois des interventions juridiques, administratives, sociales, politiques, etc. Et inversement, beaucoup d'interventions, qui n'ont pas l'étiquette « sociales », peuvent comporter cependant cette dimension. Ainsi la formation à l'informatique, certains spectacles culturels, des activités sportives, des créations d'entreprises, la réhabilitation de quartiers dégradés, ne sont pas seulement techniques ou économiques, mais sont autant de moyens d'insertion sociale et professionnelle.

Un outil de connaissance transversale et d'évaluation

Aussi les politiques sociales locales doivent-elles pouvoir s'appuyer sur une connaissance à la fois transversale et fine des populations, qui leur fait actuellement défaut. Il s'agit dès lors « de décloisonner des connaissances professionnelles au niveau local pour élaborer un projet spécifique et non plus d'identifier centralement une catégorie de population sur laquelle les acteurs locaux exerçaient mécaniquement leurs compétences. Le savoir n'est plus alors contrôlé en aval de l'action, mais devient instrument de celle-ci à son amont » (Donzelot, 1996, p. 34).

Or ce savoir n'existe pas tout prêt ; il nécessite le rassemblement de données de divers ordres, souvent non formalisées, incluses dans les savoir-faire de multiples professionnels, et en partie expérimentales. La mise en place de dispositifs locaux d'observation sociale est une réponse à cette exigence : constituer un savoir transversal indispensable à l'élaboration des plans départementaux d'insertion, interventions dans le cadre des contrats passés entre l'État et les régions ou les villes, programmes de formation ou de lutte contre le Sida. L'observation sociale est un outil d'une connaissance transversale, indispensable à l'élaboration de décisions.

Un outil d'évaluation

Ce savoir, instrument d'action, est aussi un instrument d'évaluation. Il n'est en effet constitué, que pour une part, de données relativement stables, validées : connaissance statistique des populations, de leurs pratiques, des contextes, etc. Mais les connaissances les plus précieuses pour l'élaboration de politiques ou de projets proviennent des actions déjà menées, des expérimentations en cours, donc incertaines dans leurs résultats. Pouvoir évaluer leurs effets, mesurer les écarts d'une population à une autre, ou d'un quartier à un autre, est essentiel pour ajuster les dispositifs, généraliser une expérience ou mettre fin à un programme. Connaître, c'est donc aussi évaluer et pour cela s'inscrire dans un processus où les actions sont elles aussi des sources de connaissances. Il s'agit de disposer non pas simplement d'une banque de données régulièrement alimentée par divers experts mais aussi d'un organe réactif.

Parfois cependant, l'expression « observation sociale » désigne ce seul aspect : l'évaluation des dispositifs, voire des politiques sociales. Ce n'est pas en ce sens que nous entendons « observation sociale » dans ce livre.

> L'observation sociale est un outil de connaissance et d'action. Issu du management, il s'est étendu au niveau local sous diverses formes : observatoires sociaux, tableaux de bord, etc. Les dispositifs existants d'observation sociale visent à constituer une connaissance précise et transversale des phénomènes sociaux afin de contribuer à élaborer des politiques les plus ajustées possible.

La devise de l'observateur social pourrait être ainsi formulée : « Observer pour connaître. Connaître pour comprendre. Comprendre pour agir » (Igalens, Loignon, 1997). C'est cette articulation étroite entre connaissance et action qui fait de l'observation sociale un outil particulièrement intéressant et polyvalent.

Un outil possible pour les intervenants sociaux

Le développement de l'observation sociale correspond à une demande : connaître, comprendre des phénomènes sociaux dans un but opératoire. Qui peut répondre à cette demande ? Tant en entreprise qu'au niveau local, de nombreux moyens de connaissance des populations et de leurs comportements existent.

Pour connaître les phénomènes sociaux : les cartes disponibles

Pour connaître les caractéristiques et les comportements de la population, plus particulièrement celle qui est en difficulté ou risque de l'être, un élu local ou un responsable d'entreprise dispose actuellement d'un jeu de cartes varié.

On peut distinguer principalement :

– les informations statistiques sur la population : pour les élus locaux, recensements et études de l'INSEE ; pour les responsables d'entreprise ou d'organisme public, données quantifiées des fichiers des ressources humaines (âge, sexe, poste occupé, etc.) et données du bilan social (formation, absences, accidents) ;
– les analyses de différents indicateurs syndicaux ou politiques : résultats d'élections ; nombre de jours de grève et motifs de celle-ci, comptes rendus d'audiences, de réunions ;
– les connaissances issues d'investigations spécifiques : enquêtes, sondages, questionnaires ;
– les observatoires sociaux d'entreprise (RATP, Poste) ou locaux qui organisent le recueil et le traitement de ces informations ;
– les données détenues par des personnes qui, par leur fonction, sont amenées à connaître un nombre important de salariés ou de familles, à observer leurs comportements et à recueillir leurs points de vue. Dans une entreprise, ou un organisme public (hôpitaux, sécurité sociale, CAF), ce peut être les assistants sociaux, les médecins ; localement, les associations d'aide, les personnes qui ont une fonction de médiation, les enseignants et personnels administratifs des écoles et collèges, tous ceux qui sont appelés à observer ou enquêter.

Les connaissances issues de ces sources ne sont pas toutes utilisables et utilisées. Une partie est formalisée : celle issue d'organismes spécialisés, existants ou institués à cet effet, produisant diverses statistiques et études, ou rassemblée par l'encadrement. Mais il existe, à côté de cela, une masse très diverse d'observations et de connaissances peu formalisée, éparpillée, parfois enveloppée dans le secret professionnel, et de ce fait peu utilisable, méconnue. Ce sont notamment celles des intervenants sociaux : analyses sur les publics auxquels ils s'adressent, sur les milieux dans lesquels ils vivent, sur les effets des dispositifs, repérage des situations les plus fragiles.

D'où une situation incohérente et le sentiment d'un certain gâchis : d'un côté un besoin de connaissances précises ; de l'autre un potentiel inexploité.

L'observation sociale est une façon d'ajuster un besoin (celui des décideurs et de leurs partenaires) et des ressources de connaissances (celles des intervenants sociaux). Parmi celles-ci, les connaissances des intervenants sociaux constituent une contribution spécifique. Il s'agit de valoriser leur potentiel de connaissances dans le respect de l'éthique. Tel est l'objet de la méthodologie présentée dans ce livre.

> Organiser la contribution des intervenants sociaux à l'observation sociale comporte un triple enjeu : favoriser les dynamiques de changement social en dotant les acteurs locaux et les entreprises d'outils d'aide à la décision ; avoir une compréhension plus large des phénomènes sociaux sur lesquels on agit ; modifier et accroître les compétences des intervenants sociaux par une approche à la fois individuelle et sociale.

Afin de définir exactement le contenu et les formes que les intervenants sociaux peuvent donner à leur observation sociale, précisons d'abord ce qu'est l'observation sociale, et pour cela distinguons-la de ses cousins.

La grande famille de l'observation sociale

Quand on entend parler d'observation sociale, elle est rarement distinguée d'autres termes apparus eux aussi ces dernières années. Observation sociale, diagnostic social, climat social, veille sociale, audit social font partie de la même famille : celle des outils de connaissance de la société à finalité opératoire. Mais ils diffèrent tant par leur champ d'application que par leurs objectifs, leurs méthodes et leurs utilisateurs potentiels. Le choix que chaque acteur fait d'employer plutôt un terme qu'un autre a un enjeu stratégique : il définit un apport et une position. Bien qu'il n'y ait pas de définition consensuelle, l'observation sociale désigne l'outil le plus polyvalent, le plus large d'emploi, alors que les autres se caractérisent par un champ plus restreint.

Les cousins

La connaissance du climat social ou « veille sociale »

C'est une observation sociale étroitement finalisée : son seul objectif est la prévention des mouvements sociaux. D. Picard, dans son ouvrage consacré à la veille sociale la définit comme « une approche pragmatique du phénomène complexe qu'est le conflit industriel » (Picard, 1991).

L'analyse du climat social ou veille sociale a donc pour enjeu de prévenir les mouvements de mécontentement et non de remédier au problème qui les cause. Il s'agit de calmer la fièvre et non de soigner la maladie.

Le diagnostic social

Le diagnostic social désigne généralement une intervention ponctuelle, pour mieux apprécier un phénomène et tirer de cette étude des perspectives d'action. Le diagnostic comporte ainsi un ensemble de constats, en fournit une interprétation et propose quelques préconisations. Mais il porte sur un phénomène précis : l'image d'une entreprise ou d'un territoire, les problèmes sociaux, les déficits de communication, ou de façon encore plus délimitée : l'absentéisme (en entreprise, dans les collèges), l'alcoolisme, les problèmes de santé. Il les étudie à un moment précis ; il est donc en partie le reflet d'une conjoncture. Il s'appuie sur un nombre restreint d'observations : réponses volontaires à un questionnaire, échantillon d'interviewés. Le diagnostic cherche à connaître l'étendue du phénomène, sa nature, ses causes, ses effets afin d'agir sur lui. Si dans sa finalité et sa démarche il peut être très proche de l'observation sociale, il s'en distingue par une triple restriction : il est limité dans le temps, dans son objet et en général dans ses méthodes.

Il convient de distinguer deux types de diagnostic social selon la personne qui le réalise. Le plus souvent, il est réalisé par un cabinet spécialisé. Depuis une dizaine d'années cependant, la pratique du diagnostic s'est étendue à des intervenants sociaux, à l'initiative de Caisses d'allocations familiales, de Centres régionaux pour l'adolescence et l'enfance inadaptées (CREAI) notamment. De même, l'Association pour la promotion de l'action et de la recherche culturelles et sociales (APARCS) à Lille a mis au point un *Guide méthodologique pour l'approche des terrains d'intervention de la prévention spécialisée* destiné aux associations qui souhaitent monter un projet dans ce domaine. Dans tous les cas, le diagnostic social prend la forme d'une petite étude ou d'une enquête.

L'audit

L'audit social est très proche du diagnostic, mais s'en distingue par sa finalité évaluative. Il peut être défini comme « une démarche spécifique d'investigation et d'évaluation à partir d'un référentiel, incluant un diagnostic et conduisant éventuellement à des recommandations » (Couret, Igalens, 1988). Alors que le diagnostic reste dans l'ordre de l'investigation, l'audit produit une opinion, voire un jugement sur une situation particulière. Souvent demandé par une instance hiérarchique, l'audit suppose *a priori* qu'il existe un écart, préjudiciable au bon fonctionnement de l'organisation, entre une norme et la situation réelle, écart qu'il s'agit de vérifier, d'évaluer.

L'observation sociale : un métis de sociologie et de management

L'observation sociale emprunte à la sociologie l'étude des comportements de groupes d'hommes, et au management, sa finalité pratique.

Un champ partagé avec la sociologie

L'observation sociale s'intéresse à tous les éléments qui constituent le comportement des individus au sein de la société en général ou dans une partie de celle-ci (entreprises, villes, départements).

En entreprise, elle s'intéresse aux facteurs qui peuvent avoir un effet sur les comportements de travail : les facteurs traditionnellement pris en compte par les services sociaux, mais aussi l'organisation du travail et ses transformations. L'observation sociale met en évidence les réactions des salariés à ces facteurs : changements de comportements, incompréhensions, tentatives de compensation.

Localement, l'observation sociale couvre principalement deux champs : les caractéristiques des personnes reçues par les services sociaux, dispositifs d'insertion, associations d'aide, ainsi que des personnes en risque ; les demandes et besoins existants.

De la connaissance à l'action

L'observation sociale s'inscrit dans une perspective d'action ; elle débouche sur des propositions. Elle comporte aussi une dimension prospective que n'a pas la recherche sociologique : elle repère dans les phénomènes existants ceux qui sont porteurs de difficultés en germe afin de les prévenir.

L'observation sociale comporte ainsi un champ d'intérêt commun avec le management. Mais elle se distingue de celui-ci par ses priorités et par la posture professionnelle. L'observation sociale a pour finalité première l'investigation et non la préconisation. Elle établit des constats approfondis, fournit des éléments d'interprétation, suggère des propositions d'action, mais son rôle n'est pas de chercher des solutions. Au contraire, le management a une finalité opérationnelle, comme l'expliquent bien Jacques Igalens et Claude Loignon (1997). La posture professionnelle est donc différente : l'observateur social, quel que soit son statut, n'est pas directement impliqué dans la gestion, dans la décision. Il a une posture décalée.

La méthode d'observation sociale que nous proposons n'est l'application ni des pratiques sociologiques ni de celles du management. Adaptée aux intervenants sociaux, elle permet qu'ils contribuent à une connaissance plus précise des populations.

> L'observation sociale est un outil de connaissance des phénomènes sociaux : centrée sur la connaissance des populations et de leurs comportements, elle s'étend à l'évaluation des dispositifs et des modes d'action. L'observation sociale partage donc son champ avec d'autres moyens de connaissance, sur lesquels elle s'appuie néanmoins. Mais elle se distingue de la sociologie par sa finalité pratique, et du management par ses priorités : fournir des connaissances qui aident à la décision, et non proposer des solutions.

La contribution des intervenants sociaux

Dans cet ensemble d'observations, quel est l'apport spécifique des intervenants sociaux ? Ils apportent une connaissance du corps social, des perturbations qui l'affectent, et contribuent ainsi à l'élaboration de décisions et de politiques. Leurs sources d'informations sont celles fournies par leur travail quotidien : personnes faisant une démarche auprès d'eux, personnes rencontrées, etc.

Une connaissance précise et complémentaire des populations en difficulté

L'observation sociale des intervenants sociaux porte en priorité sur les personnes qui sollicitent leur intervention ou qu'ils ont l'occasion de rencontrer : en difficulté passagère, ou cumulant un ensemble de difficultés. Mais elle les réfère à une population plus vaste : celle d'une ville ou d'un département, l'ensemble des salariés d'une entreprise.

L'observation sociale consiste aussi à repérer et analyser les risques sociaux. Ainsi les assistants du service social de La Poste ont-ils la prévention des risques sociaux parmi leurs missions. L'Observatoire national de l'action sociale décentralisée (ODAS) a organisé un dispositif d'observation de l'enfance en danger[1].

1. Observatoire national de l'action sociale décentralisée, Service national d'accueil téléphonique de l'enfance maltraitée, *Protection de l'enfance : mieux comprendre les circuits, mieux connaître les dangers*. ODAS-SNATEM, 1999.

Une réponse à des attentes

Aide à la décision et accompagnement des changements constituent les principales attentes. En effet, la rapidité et l'ampleur des mutations qui affectent la société française sont si importantes qu'elles mettent à mal non seulement les moyens d'action et de prévention mais même la capacité à les repérer.

Pallier le manque d'outils de connaissance des changements sociaux

Des comportements nouveaux apparaissent ou se développent mais ils restent souvent méconnus. Ainsi en est-il des transformations de la famille, de la précarité sociale, de la relation des salariés aux entreprises. Or tous ces comportements concrets, infimes à l'échelle de la société, comptent lorsqu'il s'agit pour une entreprise de reconvertir un site, de comprendre une augmentation des demandes d'aide financière ou de développer une politique sociale équitable. Ils ont aussi leur importance pour une institution sociale ou politique : ils contribuent à mieux comprendre les effets imprévus d'une mesure, ils permettent de tenir compte des expériences antérieures et de prévoir sur quelles populations il conviendra de faire un effort d'accompagnement.

Ainsi les données recueillies par l'ODAS permettent-elles de mieux connaître l'enfance en danger. « Depuis 1993, nous menons une enquête auprès des départements sur l'enfance en danger. Nous avons élaboré avec eux une méthodologie d'observation qui leur propose d'utiliser les mêmes catégories, les mêmes définitions, les mêmes procédures. Elle part de l'idée qu'il faut observer non les réponses (les placements) mais les publics. […] À partir des résultats recueillis, on voit l'augmentation des signalements (moindre en 1998), on comprend mieux ce qu'est l'enfance en danger. On a montré que le phénomène qui progresse, c'est moins la maltraitance elle-même que le risque lié à l'absence de lien social. On a montré que des politiques de prévention sont possibles. »[1]

L'observation sociale s'inscrit dans une démarche de rationalisation des politiques. Le but assigné aux dispositifs d'observation sociale est alors de permettre une connaissance formalisée, objectivée, quantifiée de certains phénomènes sociaux en vue d'adapter les réponses et de diminuer les coûts de traitement.

---

1. Entretien avec Jean Louis Sanchez, délégué général et Claudine Padieu, directeur scientifique de l'Observatoire national de l'action sociale décentralisée (ODAS), 29 septembre 1999.

Rationaliser l'action sociale : projet d'observatoire social départemental. Conseil général du Finistère

Le projet d'Observatoire social départemental élaboré par le Conseil général du Finistère traduit ainsi cette exigence : « il s'agit d'un outil de collecte, de traitement et de production d'information qui devrait faire émerger des processus que le fonctionnement institutionnel occulte le plus souvent (difficultés de communication, zones de saisie hétérogènes, variables en constante évolution...). »[1]. Outil de connaissance, l'Observatoire social est de ce fait un outil de rationalisation de l'action : « En étudiant les fonctionnements et dysfonctionnements des populations départementales », l'Observatoire centrerait son activité sur une problématique des « besoins sociaux » et des « adéquations à réaliser dans une perspective de rationalisation partenariale de l'action sociale. » (*id.).*

La volonté des administrations centrales et des collectivités locales de définir des politiques et de maîtriser leur budget pousse ainsi à créer des observatoires sociaux : Observatoires régionaux de santé (ORS), Observatoire social méditerranéen en Bouches-du-Rhône, ex-Groupement isérois pour l'observation sociale (GIOS), qui constituent des outils d'aide à la décision.

Un outil d'aide à la décision. Observatoire social méditerranéen

L'observatoire social méditerranéen se définit comme un « outil d'observation partenariale des politiques sociales et d'aide à la décision dans les départements de la façade méditerranéenne.

« L'Observatoire tire son origine du travail préparatoire effectué en 1988 pour la conception du "Schéma départemental des établissements et services enfance-famille", à la demande du Conseil général des Bouches-du-Rhône. Il s'agissait de favoriser, avec tous les organismes concernés, l'élaboration collective d'indicateurs de risques sociaux et de ressources, à partir des circonscriptions d'action sociale du département. [...]

Dès 1996, l'Observatoire étend son intervention à d'autres départements. [...] Être au plus près de l'évolution sociale mais également parfaire l'articulation entre la statistique et le décisionnel continuent d'être au centre de la mission de l'Observatoire, qui prend la dénomination d'Observatoire social méditerranéen en 1997. Aujourd'hui, l'Observatoire [...] entend devenir un centre-ressources de qualité, un lieu de réflexion privilégié et un outil reconnu d'aide à la décision, au service des responsables de la mise en œuvre des politiques sociales.[2] ».

1. Conseil général du Finistère, Projet d'Observatoire social départemental, p. 3.
2. Observatoire social méditerranéen, plaquette de présentation.

Accompagner les changements

L'observation sociale des intervenants sociaux, par la connaissance qu'elle apporte des populations les plus fragiles et des effets sociaux des changements a un rôle de prévention important. Elle permet de mettre en place des mesures d'accompagnement des changements. Restructurer un site de production, introduire la fabrication ou la commercialisation de nouveaux produits, changer des modes de rémunération, d'avancement ou de mutation sont autant de transformations qui affectent la vie des salariés, les relations et les habitudes acquises, les représentations de l'entreprise. Accompagner les changements signifie alors prévenir leurs effets négatifs et favoriser des effets positifs, en anticipant les incompréhensions que ces changements peuvent susciter ; donc mettre en place des moyens de connaître les craintes des salariés, leurs espoirs et leurs illusions, ainsi que des moyens de résoudre les problèmes concrets qui en découlent. Par l'accompagnement des changements, l'observation sociale a un effet indirect : elle contribue à réduire les risques de mouvements sociaux.

> Ces attentes définissent le cadre général dans lequel s'élaborent aujourd'hui les décisions, qu'elles relèvent des directions d'entreprise, des assemblées élues, à l'échelle nationale ou locale, ou de l'encadrement de proximité. L'observation sociale, parce qu'elle rassemble des connaissances en vue de l'action, constitue une réponse à ces attentes. Par la connaissance intime qu'ils ont des populations relevant des politiques sociales, les intervenants sociaux ont une contribution essentielle à apporter.

2

La société sous toutes ses faces

« L'observation sociale des assistants sociaux, par leur rapport de synthèse, complète les autres canaux d'information dont dispose l'entreprise et, sur certains points, les enrichit, car c'est une autre manière d'aborder et de traduire des phénomènes sociaux à travers une expérience de terrain ».

Georges Lefèbvre, directeur des ressources humaines et des relations sociales, La Poste[1].

Mieux comprendre la complexité et les transformations de la société

Les informations de terrain des intervenants sociaux contribuent par un traitement global à mieux comprendre la complexité et les transformations de la société.

• **Comprendre :**

les faits sociaux en passant de l'étude des individus à l'étude de leurs caractéristiques communes.

• **Appréhender :**

la société dans ses différentes faces.

Grâce à une démarche :

– différente de celle du praticien en situation d'intervention (entretien, écoute, montage d'un dispositif d'aide, etc.) ;

– qui se traduit par une prise de distance, un déplacement de centre d'intérêt, une compréhension plus générale et plus complexe d'un ensemble de faits à partir de cas particuliers.

Une priorité donnée à l'observation et non à l'action.

1. Entretien du 1er octobre 1999.

Bien des gens observent la société, par plaisir ou par obligation, en amateurs ou en professionnels : d'une terrasse de café, à la sortie de l'isoloir, au passage d'une manifestation, au bureau. Innombrables Monsieur Jourdain, ferions-nous de l'observation sociale sans le savoir ? Pas au sens où nous l'entendons. L'observation sociale, comme moyen de connaissance orienté vers l'action, est fondée sur un ensemble de dispositions d'esprit, de présupposés, de choix qui en font un outil particulier. Elle nécessite de prendre en compte le caractère complexe et changeant de la société, de comprendre les phénomènes sociaux, et pour cela, d'associer plusieurs approches.

PRENDRE EN COMPTE LE CARACTÈRE COMPLEXE ET CHANGEANT DE LA SOCIÉTÉ

L'observation sociale prend en compte la complexité de la société.

Prendre en compte la complexité

Par système complexe, nous entendons qu'il est composé d'une multitude d'éléments, d'interactions, d'effets directs ou indirects, de rétroactions. Complexe, comme l'explique Edgar Morin[1], ne veut pas dire compliqué. Nous dirons d'un problème de mathématiques ou d'un puzzle qu'il est compliqué. Cela signifie que les données du problème, les pièces du puzzle sont nombreuses, qu'elles permettent beaucoup de combinaisons, mais en fin de compte, il y a une solution, ou du moins un nombre limité et connu de solutions. Nous ne pouvons plus penser la société et son développement ainsi. La société d'aujourd'hui, notamment parce qu'elle est en échange avec d'autres systèmes (d'autres territoires, d'autres entreprises, des phénomènes naturels…) est complexe : elle est un champ ouvert de forces qui s'interpénètrent, où s'imbriquent causes et effets, où interviennent toujours de nouveaux

---

1. « La complexité n'est pas la complication. Ce qui est compliqué peut se réduire à un principe simple comme un écheveau embrouillé ou un nœud de marin. Certes, le monde est compliqué, mais s'il n'était que compliqué, c'est-à-dire embrouillé, multidépendant etc., il suffirait d'opérer les réductions bien connues (…). La complexité nous rend sensibles à des évidences endormies : l'impossibilité d'expulser l'incertitude de la connaissance » (Morin, 1977, pp. 377-383). « Cela signifie qu'il n'y a pas permutation d'un terme simple, l'ordre, en un terme simple, le désordre. Cela signifie qu'il y a recherche de l'intelligibilité, non dans l'alternative et l'exclusion, mais dans l'interrelation, l'interaction, l'interdépendance des idées d'ordre, désordre, organisation… » (Morin, 1977, p. 66).

éléments. Tenir compte de cette réalité est essentiel pour comprendre les enjeux généraux de l'observation sociale et définir les connaissances apportées par chaque acteur.

Prendre en compte le changement

Effectuer de l'observation sociale suppose de manier deux approches. La première relève de l'arrêt sur images : elle trie, classe les observations en catégories. La seconde s'apparente au synopsis de film ; elle repère les évolutions, les ruptures dans une continuité : c'est ce qui constitue le principal intérêt de cet outil. Cependant, les deux approches sont liées et nécessaires.

D'où viennent les changements ? Pour une part, ils sont la conséquence de décisions politiques ou économiques, d'informations, de prises de conscience d'individus ou de petits groupes. Mais les transformations des systèmes de pensée et d'action depuis un quart de siècle ont fait émerger un autre type de changement. C'est un processus de création collective à travers lequel diverses personnes ou institutions apprennent ensemble, c'est-à-dire inventent et fixent la façon dont elles jouent une partie du jeu social, sous sa double forme de coopération et de conflit. L'observation sociale est un élément de ce processus, un outil d'ajustement des politiques, dans lequel chaque acteur – dont les intervenants sociaux – occupe une place spécifique.

Pour comprendre les phénomènes sociaux et agir sur eux, il convient de tenir compte des changements : certains concernent la longue durée, les évolutions profondes, d'autres affectent les comportements plus immédiats.

Complexes, changeants, les phénomènes sociaux sont cependant maîtrisables. L'observation sociale part de ce postulat : le constat d'une situation appelle sa transformation. Supposons que dans une entreprise, on constate qu'un nombre élevé de personnes, par manque d'informations ou de compréhension de cette information, se met en retrait ; ou bien que, par opposition à un nouveau mode d'organisation, elles adoptent une attitude de refus. L'observation sociale admet qu'il est possible d'apporter des réponses adaptées en prenant en compte les causes des problèmes. Ce postulat trace aussi les limites de l'observation sociale comme outil d'action : penser qu'on peut agir sur ces phénomènes, ne signifie pas qu'on agit effectivement.

Mais il pose un principe : on peut connaître ; on peut agir ; donc on peut anticiper et éviter que des difficultés observées ne se reproduisent en l'absence de modifications. Si l'observation sociale n'est pas à proprement parler un outil d'action, elle est, en tout cas, un outil d'analyse et d'anticipation, donc de maîtrise des changements prévisibles.

COMPRENDRE LES PHÉNOMÈNES SOCIAUX

L'observation sociale, comme nous l'avons vu, est une petite-fille de la sociologie. Dans cette ascendance très diverse, elle emprunte des concepts, des méthodes, en fonction de ses objectifs – contribuer à mieux traiter des problèmes, à les prévenir – et du contexte dans lequel elle s'exerce. Ainsi si certains observatoires sociaux locaux cherchent d'abord à constituer une connaissance quantifiée des populations bénéficiant d'une aide sociale ou en difficulté, d'autres dispositifs complètent ces tableaux de bord par l'analyse de certaines populations ou de certains problèmes. Dans les deux cas, l'observation sociale des intervenants sociaux emprunte à la sociologie les démarches fondamentales de connaissance des phénomènes sociaux : passant de l'étude des individus isolés à l'étude d'ensembles d'individus ayant des caractéristiques ou des comportements communs – les faits sociaux –, elle cherche à expliquer et plus encore à comprendre les points communs et les différences, leur évolution.

Du regard sur l'individu au regard sur des groupes d'individus

L'observation sociale ne s'intéresse pas aux individus en tant que tels, mais aux phénomènes sociaux qu'ils engendrent. Cette affirmation peut paraître choquante à des intervenants sociaux, ou bizarre. Elle signifie qu'il existe une différence de position, de regard entre l'intervenant social qui aide, écoute, conseille des personnes, et le même intervenant social effectuant de l'observation sociale. Ce peut être le même professionnel, mais il adopte deux regards différents. Le premier est centré sur les individus et il leur apporte une aide particulière ; le second se détache des détails propres aux individus singuliers pour chercher leurs points communs : leurs caractéristiques d'âge, de sexe, d'emploi, les contenus de leurs demandes, les comportements semblables (à l'égard du chômage, de ruptures familiales, de maladies). Pour que ce regard soit suffisamment large, l'observation sociale se pratique en équipe ou en partenariat. C'est le point de départ de la démarche d'observation sociale.

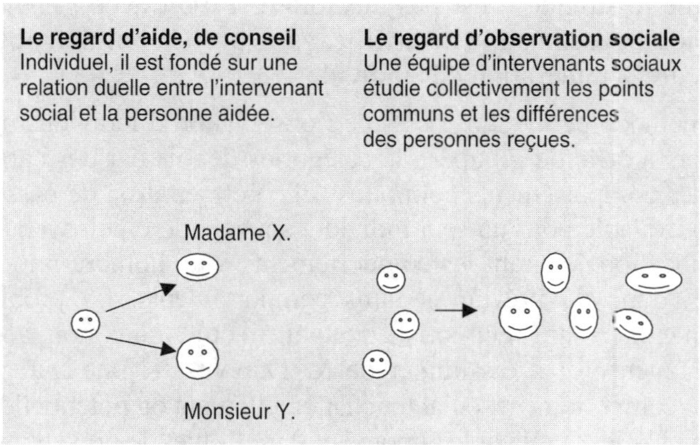

Figure 1
Les deux regards de l'intervenant social

Ce passage de l'individu au groupe a constitué historiquement la naissance de la sociologie.

Repérer et analyser les faits sociaux

L'observation sociale cherche à repérer et analyser les faits sociaux. Cette expression empruntée à la sociologie désigne d'abord, selon l'acception donnée par Émile Durkheim à la fin du XIXe siècle, un ensemble d'actions humaines qui présentent une régularité observable et, par là même, une certaine prévisibilité : c'est précisément le rapport entre ces régularités et ces variations qui intéresse l'observation sociale.

Les traits communs entre des comportements

Le repérage d'un fait social est fondé sur l'observation des comportements des individus : il en dégage les traits communs. Ainsi, l'étude pionnière de Durkheim sur le suicide (1897) a fait figure de révolution[1]. Pour la première fois en effet, on ne voyait pas dans chaque suicide un acte singulier, relevant de la décision rationnelle ou irrationnelle d'un individu. Durkheim établit une statistique des suicides et montre qu'ils sont relativement constants d'une année à l'autre et plus

1. Pour une étude simple et actualisée du suicide, se reporter à Christian Baudelot et Roger Establet, *Durkheim et le suicide*, PUF, 1993 (1e éd., 1984).

encore, que le suicide n'est pas aléatoire : il croît avec l'âge, avec la durée du jour, avec la taille de la ville, varie avec la religion et en fonction du degré d'intégration des individus.

Cette méthode permet de passer de l'observation d'individus multiples et différents à celle de groupes, de catégories définis par des caractéristiques ou des comportements communs. Elle permet aussi de passer d'une explication valable pour un seul individu, souvent de type psychologique, à une explication éclairant les comportements d'un nombre important de ceux-ci et donc de prévoir certains comportements. Le problème de l'alcoolisme dans une entreprise peut ainsi être traité non comme la maladie honteuse et à dissimuler de M. Dupont et Mme Durand, mais comme un comportement social touchant réellement ou potentiellement de nombreux salariés, explicable et pouvant faire l'objet de prévention.

Cette approche des faits sociaux telle qu'elle a été élaborée par Durkheim peut cependant sembler réductrice au regard de la masse d'informations contenues dans un ensemble de comportements. Ainsi, si l'observation sociale a pour base le constat de régularités et de différences, elle cherche aussi à en rendre compte, à expliquer et comprendre les faits sociaux.

Le fait social peut ainsi être étudié dans la diversité de ses significations.

Expliquer et comprendre

L'observation sociale est un outil d'interprétation des phénomènes sociaux à deux niveaux : celui de l'explication et celui de la compréhension. La distinction faite en sociologie entre ces deux termes renvoie à deux attitudes complémentaires. Nous y reviendrons au chapitre 7.

L'explication désigne la capacité à indiquer des facteurs qui permettent de rendre compte des faits sociaux. Pour expliquer de nouveaux comportements, on va mettre en regard ces comportements et les caractéristiques sociales des personnes concernées, repérer les différences existant avec d'autres personnes : différences d'âge, de sexe, de statut familial, de trajectoire. À partir de là, on propose des explications des différences de comportements. Ainsi Durkheim, en analysant les variations socio-démographiques et culturelles du suicide a-t-il mis en évidence le caractère déterminant du degré d'intégration sociale dans la propension au suicide.

Comprendre relève d'une approche différente, explorée depuis longtemps dans les pays anglo-saxons. Comprendre signifie d'abord, étymologiquement, « prendre ensemble », donc ici rassembler des éléments de nature diverse (sociaux, psychologiques, économiques, politiques...) afin d'en fournir une interprétation globale, d'éclairer un élément par un autre. Ceci dans le but de donner du sens : comprendre veut dire chercher les significations des comportements et plus largement des faits sociaux.

Comprendre les différents aspects d'un fait social

Comprendre les phénomènes sociaux nécessite d'abord de les situer dans une vision globale. Les questions qui sont aujourd'hui posées, tant dans les entreprises que dans l'action sociale locale et nationale, mettent en jeu des aspects économiques, sociaux et politiques étroitement imbriqués. Comment permettre à l'entreprise de résister aux concurrences et de gérer au mieux l'adaptation du personnel aux mutations ? Comment adapter les politiques sociales aux nouvelles demandes et aux nouveaux profils ? Sur quels critères définir les droits, les priorités ? Sur quels fondements se recomposent aujourd'hui les appartenances, les identités ? Comment faire des acteurs, des citoyens de ceux qui subissent les mutations de l'entreprise, de ceux qui sont depuis longtemps exclus des processus de décision, des sans-droits ?

Aucune de ces questions ne suppose une réponse exclusivement sociale. Aussi l'observation sociale doit-elle s'efforcer de comprendre les phénomènes sociaux sous leurs différentes faces.

ASSOCIER PLUSIEURS APPROCHES

Outil polyvalent et souple, l'observation sociale permet d'associer plusieurs approches qui contribuent à comprendre le développement de la société dans ses différents aspects : approche macroscopique et microscopique, quantitative et qualitative des phénomènes sociaux. Elle se fonde sur une démarche d'objectivité.

Une observation macro et micro

L'observation sociale permet de concilier les approches macroscopique et microscopique de la société, d'ajuster le champ observé selon les besoins. La capacité de l'observation sociale à produire des informations à différentes échelles tient à la nature même des dispositifs : l'information apportée par chaque professionnel n'a d'intérêt que cumulée avec d'autres. Ainsi, le *Tableau de bord social* de Rennes est le produit de la contribution d'administrations diverses communales et départementales (Ville de Rennes, ANPE, Caisse d'allocations familiales, etc.), de travailleurs sociaux (Direction de l'action sociale d'Ille-et-Vilaine, Centre communal d'action sociale, etc.) et d'associations (Aide familiale à domicile, Ateliers d'insertion du pays rennais, Restaurants du cœur, etc.). C'est ce qui lui permet de donner des informations à la fois sur l'ensemble de la ville et par quartier.

Une observation quantitative et qualitative

L'observation sociale est un moyen relativement simple de quantifier certaines informations apportées par le travail des intervenants sociaux et utiles à l'élaboration de politiques précises, de mesures ciblées. Ce n'est pas ici le lieu de décider quelles informations. Mais l'expérience montre qu'il est tout à fait possible de les définir. Elles peuvent porter sur les publics reçus, leurs caractéristiques d'âge, de sexe, de statut, d'habitat, ou sur des publics spécifiques, par exemple concernés par une mesure ou ayant des points communs (personnes touchées par le VIH, personnes cumulant plusieurs types d'exclusion) ; elles peuvent porter également sur des demandes (fréquence, nature).

Pourquoi quantifier ?

Comme le disent tous nos interlocuteurs, la quantification est la base de l'observation sociale. Ainsi, selon Bertrand Dubreuil[1], « la dimension quantitative donne un cadrage. Il est indispensable de ne pas se lancer dans une problématique sans avoir cadré la question par une analyse quantitative ».

Si l'exigence de quantification semble parfois inappropriée ou réductrice de sens, elle s'avère très souvent indispensable à une étude rigoureuse, dépassant les simples impressions. Elle est une des manières d'exprimer l'importance d'un sujet, d'une catégorie de population. La culture du chiffre est aujourd'hui transversale à bien des métiers. Elle est donc un moyen de communication puissant notamment avec les professionnels du management, des ressources humaines, habitués aux synthèses chiffrées, aux diagrammes, histogrammes et autres camemberts. Aussi l'absence de quantification, alors

---

1. Éducateur, sociologue, chargé d'études à la CAF de Creil (Oise) (entretien du 18 février 1999).

qu'elle est possible, empêche-t-elle souvent que le courant passe : le propos paraît flou parce que non mesuré, non rapporté à des évolutions, non relativisé.

La mesure au service du sens

Cependant, il est nécessaire que cette quantification soit pensée et contrôlée : que quantifier ? Quelle information supplémentaire apporte le nombre ? En effet, comme le montrent certaines expériences, des institutions s'emparent de l'outil informatique sans avoir réellement évalué leurs besoins d'informations : on lui accorde la vertu de l'efficacité et un pouvoir de transformation des attitudes professionnelles qu'il n'a pas. Par contre, il est clair qu'une informatisation bien menée, avec un logiciel spécialement conçu pour l'observation sociale et adapté aux types de données recueillies par les intervenants sociaux est un levier exceptionnel de transformation des mentalités et de positionnement professionnel. L'expérience en cours des services sociaux de la RATP et de La Poste témoigne de l'intérêt d'une informatisation maîtrisée.

L'informatisation, outil de l'observation sociale au service social de la RATP.

« Nous nous sommes posé la question de l'informatisation de notre outil de travail il y a dix ans. Au départ, c'était pour s'adapter aux nouvelles méthodes de travail de l'entreprise. Faire du secrétariat administratif sur micro nous a permis de ne plus avoir peur des machines. Puis, nous avons pensé nous en servir aussi pour présenter les données du rapport d'activité, pour faire des croisements. Nous y voyions l'avantage d'avoir une analyse plus fine, de faire des recoupements entre le fichier de l'entreprise et notre population pour en avoir une meilleure connaissance, de pointer des populations sur lesquelles on pourrait faire des mini-études. Par exemple : qui sont les agents qui demandent un prêt social ? Qui sont les chefs de station, quelle est leur problématique ? L'avantage, c'est aussi qu on prend du recul par rapport à ce que l'on fait. En effet, la saisie des données ne s'effectue pas au moment des entretiens, mais de façon synthétique. Elle permet une prise de distance. Professionnellement, c'est un élément positif de recul et de meilleure maîtrise des dossiers des agents »[1].

Ce constat n'enlève rien aux apports de l'approche qualitative en observation sociale : apports du terrain, du vécu, des effets concrets des mesures. Mais ils prennent tout leur sens dans un cadrage quantifié.

---

1. Maryse Vernochet, assistante sociale chef, conseillère du travail à la RATP, entretien du 18 février 1999.

Les expériences d'observation sociale menées en entreprise montrent en particulier tout l'intérêt qui peut exister de la part des directions à l'égard d'analyses fondées sur les entretiens professionnels des assistants de service social, sur l'étude synthétique du contenu des demandes, sur l'attention portée aux comportements, à partir du moment où l'on sait quelle proportion de personnes est concernée. Or seuls les travailleurs sociaux (et dans une certaine mesure les membres des services médicaux) peuvent recueillir et transmettre ces informations parce qu'elles émanent de leur travail quotidien.

Une démarche d'objectivité

Le reproche souvent fait à tout ce qui émane du travail social est d'être subjectif. Or les expériences d'observation sociale sont très diverses et la place qu'y occupent les travailleurs sociaux aussi. Certains dispositifs, souvent appelés « observatoires » revendiquent une approche objective : ils procèdent en général par enquêtes, sondages et la place des travailleurs sociaux est faible ou inexistante. D'autres y associent des approches plus subjectives : ainsi l'Observatoire de Quimper inclut dans son rapport « le regard des travailleurs sociaux[1] ». Au Crédit Lyonnais, le rapport d'observation sociale est constitué par la synthèse de l'expression des équipes d'assistants sociaux. La méthodologie que nous présentons dans ce livre, appuyée sur les expériences qui nous ont semblé les plus riches, peut être considérée comme objective. Nous entendons par là non qu'elle nie ou élimine toute part de subjectivité, mais qu'elle donne un cadre à son expression et est fondée sur une formalisation des données.

Que veut dire être objectif ?

Lorsqu'il s'agit des comportements humains, aucune observation n'est neutre. Toute observation comporte des enjeux, variables selon les individus et les institutions, qui influent sur ce que l'on observe et la façon dont on le fait. Cependant, l'observation sociale peut produire une connaissance fiable, partagée par un ensemble d'interlocuteurs. À quelles conditions ? Nous les citons brièvement car elles constituent la base de la démarche développée ensuite.

---

1. *L'observatoire de Quimper. Données. Analyses. Propositions*, Ville de Quimper, CERPS, décembre 1995.

Première condition : distinguer l'ordre du fait et celui du jugement, de la valeur ou du devoir-être. Concrètement, cela conduit notamment à distinguer autant que faire se peut la description ou l'établissement d'un constat et son interprétation.

Deuxième condition : définir précisément concepts et notions, chercher les présupposés ou préjugés susceptibles de porter des jugements implicites, de déterminer inconsciemment un cadrage et une interprétation.

Troisième condition : s'appuyer sur des méthodes empiriques (compter les personnes reçues en permanence, les classer, etc.) et des données vérifiables par d'autres. Toutes ces données n'ont cependant pas la même validité, selon la façon dont on les a recueillies, selon le nombre d'observations, selon la personnalité de l'observateur. Aussi est-il indispensable d'indiquer les limites de validité des données présentées : durée des observations, degré de précision, représentativité de l'échantillon étudié, pertinence des questions posées, etc.

Enfin, l'objectivité dépend de la capacité à recourir à plusieurs approches différentes pour étudier une même question.

Croiser les informations : à la rencontre de regards différents. Réseau d'observation Nord-Pas-de-Calais

Où aller chercher l'information en l'absence de données statistiques pertinentes ? Les enquêtes-santé territorialisées menées dans les quartiers DSQ[1] nécessitent de croiser les points de vue de professionnels de deux domaines : « celui du travail social et de l'observation sociale d'une part, et celui des professions médicales et de la santé publique d'autre part. »

« En général, ceux qu'il est convenu d'appeler les professionnels de terrain (médecins libéraux, de la Protection maternelle et infantile ou des centres de dépistage, infirmières, pharmaciens, travailleurs sociaux, enseignants...) connaissent très bien leur quartier ; ils y travaillent et parfois y habitent. Le plus brillant des experts se tromperait lourdement s'il considérait que l'excellence de ses savoir-faire lui permettrait de comprendre le quartier mieux que ces professionnels de terrain [...]. Toutefois, les témoignages, opinions ou informations recueillis [...], ne peuvent être utilisés que s'ils sont croisés, rapportés à tel ou tel territoire, critiqués et qu'enfin leurs divergences soient pointées. »[2]

Ainsi la combinaison de modes de connaissance, de regards professionnellement, culturellement différents, offre une meilleure garantie.

---

1. Quartiers DSQ : quartiers faisant l'objet d'une procédure de Développement social des quartiers (devenu développement social urbain) dans le cadre de la politique de la Ville.
2. *Populations en difficultés*, Réseau d'observation Nord-Pas-de-Calais, 3, avril 1994.

Parce qu'elle permet le croisement de différentes approches, parce qu'elle est un outil de connaissance globale, l'observation sociale répond bien aux enjeux de la période : transformer les modes de pensée et d'action afin d'élaborer de nouveaux modes de développement de la société.

Concevoir le développement de la société dans ses différents aspects suppose d'adopter une position particulière : celle qui permet de voir les différentes faces de la société, de les composer en un tout.

L'observateur social et son kaléidoscope

Pour faire comprendre – avec humour – le positionnement propre à l'observateur social, Jacques Igalens et Claude Loignon prennent l'exemple d'un œuf : « Lorsqu'une poule pond un œuf, on imagine les différences d'intérêt, de compte rendu et d'analyse qui pourraient être ceux d'un éleveur, d'un cuisinier, d'un peintre animalier ou d'un généticien. Là où certains voient un poussin, d'autres envisagent l'omelette et d'autres encore le mystère de la création. Aucun ne peut prétendre avoir entièrement fait la description ou de la poule ou de l'œuf. Tous peuvent y contribuer, sans oublier la poule qui doit avoir aussi sa propre perception de l'événement.

L'observateur social n'est ni la poule, ni le cuisinier, il doit par contre être conscient de la diversité des points de vue et il doit être conscient que seule la multiplication des cadres d'analyse permettra de rendre compte d'une part importante de la complexité du réel » (Igalens, Loignon, 1997, p. 17).

Cette remarque vaut aussi pour les intervenants sociaux. En pratique, qu'est-ce que cela signifie ? D'abord que, comme nous l'avons vu, l'intervenant social faisant de l'observation sociale n'adopte pas exactement la même position que lorsqu'il est en situation d'intervention (accueil, entretiens, montage de dispositifs d'aide, etc.). L'observation sociale suppose une prise de distance et un déplacement de centre d'intérêt : de l'individu particulier aux caractéristiques communes, aux collectifs ; de la priorité donnée à l'action à la priorité donnée à l'observation et à l'analyse ; d'une attention particulière portée aux « cas sociaux » à une vision plus large des évolutions de la société, situées dans leurs dimensions économiques et politiques.

Sur le même matériau, celui fourni par son travail quotidien d'écoute et d'aide, l'intervenant-observateur social porte un regard plus complexe. Cela peut paraître impossible ou dangereux. Nous montrerons au contraire dans les chapitres qui suivent que cette position offre de multiples avantages : parce qu'elle apprend à voir des choses nouvelles, auxquelles on ne prêtait pas attention, parce qu'elle les fait considérer sous un nouveau jour, et par conséquence parce qu'elle influe sur la position professionnelle en créant de nouvelles compétences. « Position inconfortable, intenable » objectent d'autres voix : « cela revient à être assis entre deux, voire trois chaises ! ». Cette objection, qui traduit souvent un malaise plus profond de définition de certains travailleurs sociaux, nous semble devoir être retournée. En effet, les intervenants sociaux, par leur position d'interface entre le civil, l'économique et le politique occupent une position privilégiée : une position nodale, d'articulation, de mise en cohérence des différentes dimensions de la société. Position fort recherchée aujourd'hui qui est celle des médiateurs les plus divers, de tous ceux qui sous des appellations multiples (chargés de mission…) ont pour avantage de « croiser les réseaux »[1]…

Nous imaginons l'observateur social tenant dans la main un kaléidoscope. C'est le kaléidoscope de la société, contenant des milliers de comportements, de paroles, de demandes, de sentiments : ceux des hommes avec lesquels il travaille, ceux qu'il écoute, aide. Tourne-t-il la bague de l'appareil dans un sens ? C'est une rosace qui se dessine, composant quelques-uns de ces comportements en une figure intelligible, à dominante bleue ; nous dirons que c'est la dimension économique. Et l'appareil tourne une nouvelle fois, montrant une rosace à dominante verte, que nous pourrions imaginer être la composition politique de ces mêmes comportements et d'autres…

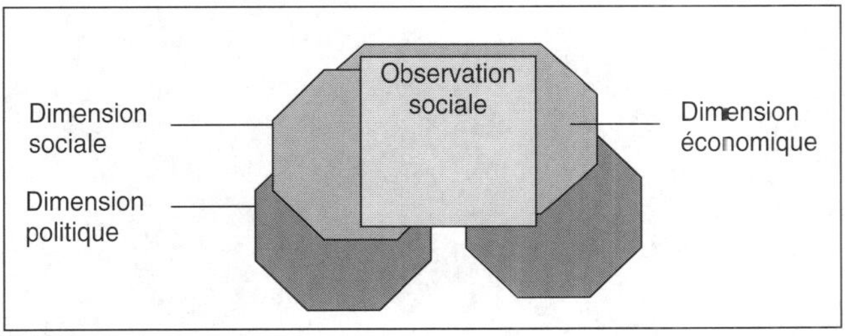

Figure 2
Le kaléidoscope de l'observation sociale :
une articulation des différentes dimensions de la société

1. Sur cette question, nous nous permettons de renvoyer le lecteur au livre d'Hélène Hatzfeld, *Construire de nouvelles légitimités en travail social*, Dunod, 1998, et en particulier au chapitre 8 : L'atout d'une position.

L'observateur social est celui qui sait manier le kaléidoscope de la société.

> Nous avons essayé de montrer que l'observation sociale n'est pas une simple technique. Elle s'inscrit dans un mouvement profond qui cherche à élaborer de nouvelles façons de penser le développement de la société : à la fois rigoureuses, tenant compte des différentes dimensions des activités humaines, porteuses de sens et susceptibles de contribuer à la maîtrise des changements. La qualité des informations recueillies, leur capacité à servir l'action et en particulier à définir des politiques sociales ajustées dépendent pour une large part de cette réflexion. En tout cas, elle fonde la mise en place de l'outil.

3

Créer un dispositif d'observation sociale

Les conditions de création d'un dispositif d'observation sociale

• Intégrer le dispositif dans un cadre institutionnel :
– définir l'apport de l'observation sociale des intervenants sociaux,
– sensibiliser les intervenants sociaux et les organes de décision à la spécificité de cet apport (mieux utiliser un capital d'informations issu du terrain),
– définir avec les intervenants sociaux les formes et les modalités de communication des informations.

• Définir un cadre général de recueil des données :
– délimiter les espaces d'investigation, les durées d'observation, les niveaux d'exploitation de ces données,
– les mettre en cohérence avec d'autres dispositifs existants,
– définir un cadre de recueil de données propre aux intervenants sociaux,
– définir les thèmes à développer en fonction des données sociales dont disposent les intervenants sociaux et des interrogations des décideurs.

• Former les intervenants sociaux à une méthode d'observation sociale adaptée à des praticiens.

Ce chapitre s'adresse plus particulièrement aux cadres de l'action sociale, aux responsables d'institutions qui souhaitent mettre en place un dispositif d'observation sociale auquel les intervenants sociaux contribuent.

Comment créer un dispositif d'observation sociale ? À quelles conditions sera-t-il un outil fiable, adapté aux intervenants sociaux, durable, permettant à la fois de mieux connaître les besoins sociaux et d'aider à la prise de décision ? À chaque situation, sa réponse. Mais les multiples expériences, les succès et les abandons ou les déconvenues montrent que dans tous les cas, le montage du dispositif passe par une série de problèmes à résoudre et de conditions à remplir.

Si une mère de famille veut ouvrir un restaurant, il paraît normal qu'elle prenne quelques dispositions préalables : qu'elle définisse son nouveau métier et prévoie les conséquences que cette fonction aura sur ses relations familiales ; qu'elle cherche les appuis qu'elle pourra mobiliser chez ses amis et connaissances ; qu'elle détermine le lieu (type de quartier, d'établissement) dans lequel elle développera le mieux ses compétences ; qu'elle établisse un organigramme des postes de travail nécessaires (cuisine, service, approvisionnement, gestion financière, etc.) ; qu'elle choisisse des types de menus et de plats en fonction des clients potentiels et de ses savoir-faire ; qu'elle acquière de nouvelles casseroles… et qu'elle change d'échelle de mesure : plutôt Gargantua que la modeste tablée familiale ! Certes l'observation sociale n'est pas un restaurant, pas de la cuisine, pas non plus une « auberge espagnole »…Mais avant de se mettre à faire de l'observation sociale, il convient d'en élaborer les conditions, d'en construire l'outil.

Qui en décide la construction ? Pour quelles observations ? De quelle taille ? Avec quels filtres ? Telles sont quelques-unes des questions que nous allons aborder.

CONSTITUER UN CADRAGE INSTITUTIONNEL

La pratique de l'observation sociale par les intervenants sociaux ne relève pas seulement d'une méthode ; elle s'inscrit plus profondément dans l'évolution des métiers du social. Si la mise en place d'un dispositif d'observation sociale dépend d'abord de l'existence d'une volonté politique, elle nécessite aussi que les intervenants sociaux définissent les apports de leur observation et situent celle-ci comme fonction professionnelle. La mise en place du dispositif passe aussi par l'organisation de l'équipe et par une formation.

Un enjeu : la construction de nouvelles compétences

Les métiers du social, et notamment les plus anciens, assistants sociaux, éducateurs, animateurs subissent de multiples transformations.

Affrontés à de nouveaux problèmes, tels ceux liés aux diverses formes d'exclusion, à de nouveaux publics manifestant de nouveaux comportements, ils éprouvent souvent des difficultés à s'adapter. Plus largement, c'est le contexte de l'action sociale qui a changé : la situation de l'emploi, le développement du bénévolat et des interventions de type caritatif ou humanitaire, la présence plus directe du politique dans l'action sociale locale à la suite de la décentralisation, les tentatives de redéfinition des modes d'organisation et de travail dans certaines circonscriptions, entretiennent un sentiment de malaise.

En regard, leurs employeurs (collectivités territoriales, établissements sociaux, entreprises) leur reprochent souvent de ne pas répondre à leurs attentes[1] : les intervenants sociaux ne fournissent pas les connaissances dont les responsables ont besoin pour prendre des décisions, ils ne savent pas faire des propositions, ignorent les contextes politiques et économiques dans lesquels les décisions se prennent. Si ces employeurs admettent volontiers que les intervenants sociaux disposent d'un capital d'informations très riche, c'est tout aussitôt pour regretter qu'il soit inutilisable. En un mot, ils leur reprochent de ne pas être des interlocuteurs : ils entendent par là qu'ils ne jouent pas le rôle d'aide à la décision qu'ils pourraient avoir, qu'ils ne savent pas construire un projet crédible, partagé, parce qu'ils n'entendent qu'une seule logique et refusent de connaître les contraintes de ceux qui ont en charge la prise de décision.

L'observation sociale apporte des réponses à cette situation : en donnant des méthodes pour mieux exploiter le capital d'informations, en favorisant un changement de point de vue, en dotant l'intervention sociale de nouvelles compétences et de nouvelles positions professionnelles. La transformation est importante. Elle nécessite donc d'être préparée et accompagnée.

Une volonté politique

La première condition de la mise en place de l'observation sociale est l'existence d'une volonté politique : il doit exister une volonté

1. Ces remarques émanent des entretiens menés dans le cadre de notre travail sur l'observation sociale, notamment avec Ivan Roth, directeur de l'Observatoire social de la RATP ; Claude Loignon, responsable de l'Observation sociale à la Poste ; Thierry Clément, directeur de la prévention et de l'action sociale de l'Ain. Elles complètent les informations recueillies lors de l'enquête menée par l'une des auteurs de ce livre auprès d'employeurs de travailleurs sociaux (Hatzfeld, Ringart, 1994). Elles corroborent celles qui avaient été faites un peu plus tôt par l'Assemblée des présidents de conseils généraux (APCG, 1993).

claire de faire évoluer l'intervention sociale vers de nouvelles compétences et de nouvelles positions. Nous l'appelons politique parce qu'elle concerne au premier chef les directions et qu'elle engage l'avenir. En priorité : la direction des équipes d'intervenants sociaux. Mais la volonté politique doit aussi concerner la direction de l'entreprise, ou les responsables (élus et administratifs) chargés de l'action sociale dans un conseil général ou une municipalité, ou les cadres du service concerné (par exemple dans un hôpital).

Les expériences existantes montrent trois types de cas : soit il existe un observatoire social, dans le cadre duquel les assistants sociaux montent une contribution spécifique ; soit les deux coexistent, et fonctionnent de façon autonome ; soit des intervenants sociaux organisent une observation sociale sans qu'existe par ailleurs un observatoire social. Dans tous les cas, l'impulsion exercée par les directions est forte, même si elle est différente. Dans tous les cas, il est nécessaire que la volonté de mettre en place une observation sociale des intervenants sociaux soit légitimée par les directions. Claude Loignon et Jacques Igalens soulignent ainsi que le dispositif sera efficace en entreprise « dès lors que la nécessité de l'observation sociale aura été reconnue et validée par la ligne hiérarchique » (Igalens, Loignon, 1997, p. 126).

Pour la mise en œuvre de l'observation sociale au niveau local, le préalable politique prend des formes différentes par les acteurs qu'il engage, mais tout aussi déterminantes. Gérard Martin montre ainsi que l'observation sociale « nécessite une très forte volonté politique » et doit faire l'objet d'une appropriation collective pour réussir : « Le politique devra faire preuve d'une volonté sans faille pour tenter d'oublier l'échéancier électoral, composer avec les pesanteurs technologiques et faire en sorte que toute connaissance disponible [...] puisse être organisée [...] en une base de données rapidement opérationnelle pour permettre l'élaboration des divers scénarios indispensables à l'esquisse d'une stratégie » (G. Martin, 1998).

Définir la place de l'observation sociale des intervenants sociaux

Définir la place de l'observation sociale des intervenants sociaux est une condition prioritaire dans la mise en place d'un dispositif. De cette place découlent en effet les apports spécifiques de cette observation sociale : ils sont l'expression d'une situation privilégiée d'interface et d'un positionnement professionnel.

Une situation privilégiée : l'interface

La place occupée par les intervenants sociaux s'inscrit dans le cadre général du social : c'est une position d'interface entre le champ du politique et de l'économique, du collectif et de l'individu, dont nous avons vu le caractère privilégié (*cf.* chapitre 2). Concrètement, cela se traduit en général par une position institutionnelle à la fois proche du politique ou du management et comportant une forte spécificité. Ainsi à La Poste, les assistants de service social dépendent de la Direction des ressources humaines ; ils sont des acteurs spécialisés au sein d'une institution. De manière plus générale, les intervenants sociaux dépendent d'institutions, de directions ou de services, même si certains ont encore tendance à se penser comme « autonomes », à part de l'institution. Cette inclusion dans une DRH, une institution, donne des responsabilités, crée un cadre d'action, fixe des enjeux.

Ainsi l'observation sociale des intervenants sociaux est-elle en partie structurée par ce cadre : règles de fonctionnement ou de gestion, champ de compétences de la collectivité locale, productions et services propres à l'entreprise, culture particulière à l'organisation, objectifs d'efficacité… Mais seulement en partie.

Le regard des intervenants sociaux est aussi modelé par une logique spécifique, à prédominance sociale : fondée sur des droits sociaux, les valeurs de la personne humaine, le souci du bien-être matériel et moral des individus.

Cette spécificité du regard tient aussi au rôle dévolu aux intervenants sociaux par la société et par le politique : assurer une fonction de régulation spécialisée des problèmes sociaux, créer ou recréer des liens là où le tissu social se déchire, jouer un rôle fonctionnel indispensable à l'organisation, à l'entreprise, aussi indispensable au fonctionnement que « l'huile dans les rouages », selon une métaphore parfois employée à propos des assistants sociaux, des médiateurs.

Cette position institutionnelle confère aux intervenants sociaux l'avantage qu'a tout observateur situé à un carrefour : il connaît la situation de chaque voie, ses contraintes, ses règles, ses évolutions, il peut anticiper les embouteillages ou les fluidités et donner des conseils.

Une position professionnelle et non idéologique

Cette position d'interface peut sembler antinomique (« on ne peut pas être assis entre deux chaises »), heurter les valeurs et le système de pensée de l'intervenant social (« il faut savoir de quel côté on se situe »). Mais la position dont nous parlons n'est pas idéologique. Cette position est professionnelle.

Par position professionnelle, nous entendons qu'elle se traduit par une fonction au sein de l'institution et une méthodologie reconnues. Cette fonction résulte de la rencontre entre une demande et une offre de service : elle définit ce qu'apporte l'observation sociale des intervenants sociaux à la connaissance du corps social et au traitement des problèmes constatés.

La méthodologie qui fonde la position professionnelle repose sur une démarche rigoureuse : constats, analyse de faits, quantification, référence à des exemples précis. Elle doit rendre compte de la complexité du réel et éclairer les choix possibles.

Aussi l'observation sociale ne peut-elle se fonder seulement sur des principes, des valeurs, des convictions, aussi respectables soient-ils. Loin d'être un outil idéologique, un instrument au service de convictions, l'observation sociale doit son efficacité à son positionnement professionnel.

> La position professionnelle situe l'observation sociale des intervenants sociaux. Elle la distingue d'autres types d'observation (du management, de chercheurs...). Elle lui fournit ses méthodes et ses matériaux, elle définit ses finalités.

Sensibiliser les acteurs et définir son apport

Comme pour tout changement, la réussite passe par une sensibilisation préalable des acteurs concernés : direction des ressources humaines en entreprise, directions administratives, élus, ainsi que les intervenants sociaux eux-mêmes.

La sensibilisation de l'encadrement est décisive car elle crée les conditions de réceptivité des propositions. Elle suppose un travail sur les besoins et les attentes des décideurs en matière d'informations sociales, sur les représentations qui existent des métiers du social.

Sensibiliser les organes de direction et de décision suppose aussi de définir au préalable et présenter ce qu'apportera l'observation sociale des intervenants sociaux. Cet apport est double : une aide à la décision par la meilleure connaissance des populations et par l'anticipation des risques ; une efficacité accrue de l'action en direction des populations par la prise en compte de la diversité des logiques en présence. Il s'agit pour les intervenants sociaux de montrer qu'ils peuvent « apporter des compétences spécifiques »[1].

Cette présentation des apports est nécessairement adaptée à chaque situation concrète. Nous en donnerons deux exemples : l'un dans une entreprise, l'autre dans un département.

Une offre de service : les apports de l'observation sociale des assistants sociaux en entreprise. La Poste

Les assistants sociaux de La Poste sont engagés depuis 1994 dans la pratique de l'observation sociale. Un kit d'information sur le métier d'assistant social destiné à l'encadrement fait état des missions attendues : aide à la personne, appui technique à l'encadrement, accompagnement des changements et prévention des risques sociaux, observation sociale.

Ces deux dernières activités sont présentées comme suit :

• « **Acteurs de l'accompagnement des changements et de la prévention des risques sociaux.**

Par leur formation et leur expérience pratique, les assistants sociaux ont :

– une connaissance réaliste des phénomènes de société et de leurs conséquences ;

– une connaissance des populations concernées ;

– une maîtrise des outils et des méthodes d'intervention préventive.

Pour anticiper les effets des changements, ils peuvent :

– participer à des plans d'action, assurer l'accompagnement social et jouer un rôle de relais d'informations entre les agents et l'entreprise. [...]

• **Contribution à l'observation sociale.**

Un capital d'informations mieux exploité afin d'apporter une connaissance plus approfondie du corps social.

Une base de données permettant d'établir :

– une typologie de la clientèle des assistants sociaux ;

– une analyse des demandes.

Un dispositif large qui fait émerger :

– les situations à risques ;

– les difficultés de certaines catégories de personnel ;

– les problèmes nouveaux.

Une interprétation qualitative des données chiffrées et des observations de terrain grâce à une formation appropriée. »

1. Claire Lecoq, conseillère chef du Travail, service social de la Société générale, entretien du 22 janvier 1999.

La réponse à une carence et à une attente : la constitution d'un observatoire associatif du logement (Isère)

Depuis 1993, l'Observatoire associatif du logement, initié par l'association Un toit pour tous[1]*, publie des rapports et des études sur les publics en difficulté de logement et les réponses apportées par une vingtaine d'associations. Extraits de la présentation de cet Observatoire*[2]*.*

« **Connaître, comprendre, évaluer**

[...] Les associations se sont dotées de cet outil afin d'approfondir la connaissance qu'elles ont des besoins en logement des publics qu'elles accueillent et logent depuis plusieurs années, ceci en l'absence de dispositif satisfaisant sur ces questions. [...]

La multiplicité des situations, des parcours, des attentes, exige qu'on les comprenne afin d'imaginer des réponses adaptées. Ce qui implique une meilleure connaissance des demandeurs, mais aussi une évaluation des solutions mises en œuvre.

Le rapport annuel [...] vise deux objectifs :

– apporter des témoignages et des éléments d'analyse sur la situation de mal-logement en Isère ;

– évaluer les solutions d'hébergement ou de logement mises en œuvre tant au niveau institutionnel ou privé, que les solutions développées par le réseau associatif. [...]

Ainsi l'Observatoire a contribué à la mise en place de plusieurs dispositifs statistiques [...]

Il s'agira de réactualiser le "tableau de bord" des indicateurs de précarité économique [...] et de décrire les situations de pauvreté des ménages s'adressant au secteur associatif. Une analyse territorialisée permettra de montrer comment la précarité évolue dans les communes de l'agglomération grenobloise. [...]

Il s'agira d'analyser l'offre (de logement) disponible en volume, mais surtout d'évaluer son accessibilité pour les ménages précarisés [...].

Enfin, nous nous attacherons à tirer les enseignements d'une approche des ménages en difficulté de logement par leur parcours familial, professionnel, résidentiel [...] ».

De manière générale, l'offre a intérêt à être graduée : par exemple limitée au départ à une « analyse des caractéristiques des personnes

1. L'association *Un Toit pour tous*, relais de la *Fondation abbé Pierre* en Isère, regroupe une vingtaine d'associations intervenant à différents niveaux dans le champ de l'insertion par le logement.

2. Extrait de Observatoire associatif du logement, *Logement et précarité en Isère*, Rapport annuel n°4, 1996-1997.

reçues » afin de renforcer la crédibilité et de développer de nouvelles offres par la suite.

Organiser une démarche collective d'observation sociale

La mise en place d'un dispositif d'observation sociale exige qu'un cadre général d'action soit tracé. Il comporte de nombreux aspects auxquels ce livre ne peut répondre, bien qu'ils soient essentiels. Notamment, dans le cas d'un observatoire local, les rôles sont en partie définis par les instances politiques partenaires du projet. Nous traiterons exclusivement ici de l'organisation des intervenants sociaux en vue de l'observation sociale.

Une démarche collective…

Le dispositif peut être monté par une équipe existante : ensemble des assistants sociaux d'une entreprise, d'une circonscription d'action sociale, éducateurs d'un club de prévention, association, etc. Il peut aussi se constituer dans une démarche volontaire de rassemblement des forces en vue de faire de l'observation sociale. C'est ce qui se passe pour les observatoires locaux.

L'organisation d'une démarche collective nécessite du temps – un temps suffisant pour faire partager les objectifs et les modalités générales, et une mise en œuvre collective du projet : définition des apports, choix des approches, élaboration de grilles d'observation, etc. Elle passe par une analyse collective des façons de travailler, de leurs points forts et de leurs limites pour s'appuyer sur les désirs de transformation, de revalorisation, de reconnaissance des capacités. Ces discussions doivent aussi permettre de mettre au jour les résistances de tous ordres : est-ce que je saurai faire ? Combien de temps ça prend ? Et le secret professionnel là-dedans ? À quoi cela va-t-il servir ?… Le travail préalable sur les réticences, parce qu'il met en jeu les façons de penser, les modes d'action, les positionnements professionnels, donne à l'observation sociale sa dynamique de transformation des métiers.

…et organisée

Les expériences en cours montrent aussi qu'il faut définir les rôles au sein du dispositif. L'observation sociale n'a en effet d'intérêt que comme mise en forme synthétisée de données. Il convient donc de déterminer au préalable sous quelle(s) forme(s) on souhaite communiquer les observations, et selon la réponse donnée, d'organiser la démarche à cet effet. En pratique, cette organisation varie fortement selon les dispositifs, le nombre et la nature des observations.

Ainsi l'organisation doit prendre en compte au moins quatre paramètres :

– la façon dont chaque intervenant social participe au processus d'observation sociale. Chacun va-t-il synthétiser les informations qu'apporte son travail quotidien, les analyser, produire un écrit ? Qui effectue la synthèse générale ? L'appropriation de la démarche, la dynamique et la valorisation qui en découlent sont d'autant plus sensibles que chacun y est impliqué ;

– la façon dont s'effectue la mise en cohérence des observations : prévoit-on des lieux de confrontation des chiffres, de discussion des problèmes méthodologiques rencontrés, d'élaboration des hypothèses d'interprétation... ? La fiabilité des résultats dépend en partie de l'existence de tels lieux ;

– la place accordée aux groupes de travail sur des thèmes : sont-ils un complément nécessaire des observations quotidiennes, permettant chaque année d'approfondir la connaissance de nouvelles populations, de nouveaux phénomènes sociaux ? Sont-ils au contraire conçus comme l'unique lieu de production de l'observation sociale ?

– l'analyse et l'interprétation des données sont-elles effectuées par l'équipe des intervenants sociaux elle-même ? Et dans ce cas, doit-on prévoir une formation méthodologique ? Sont-elles confiées à un expert, membre de l'équipe détaché pour cette fonction ou consultant extérieur ?

La réponse donnée à chacune de ces questions a une dimension stratégique importante. Choisir d'impliquer le plus possible tous les membres d'une équipe, se donner les moyens de mener l'ensemble du processus d'observation sociale, y compris jusqu'à l'écriture de rapports de synthèse, c'est viser clairement un enjeu : la transformation des métiers du social.

Former à une observation sociale de praticiens

Il est difficile d'envisager la mise en place d'un dispositif d'observation sociale sans une formation. Elle concerne bien sûr au premier chef les intervenants sociaux mais aussi les responsables fonctionnels ou hiérarchiques des services sociaux qui ont à organiser et piloter l'observation sociale des intervenants sociaux. Former des intervenants sociaux à l'observation sociale suppose un contenu et une méthodologie adaptés à la place particulière qu'elle occupe dans leur activité professionnelle et aux enjeux de transformation des métiers du social.

Former à une observation sociale intégrée dans l'activité professionnelle

L'observation sociale des intervenants sociaux se situe dans un contexte pratique : il s'agit de former des intervenants sociaux à un aspect de leur activité, non de former des chercheurs ou des statisticiens.

Ainsi la formation doit-elle d'abord apprendre aux intervenants sociaux à se situer professionnellement. Elle engage une réflexion sur les enjeux de l'observation sociale pour le métier ou l'intervention sociale, en mettant en évidence les systèmes d'acteurs et les logiques rencontrés dans l'activité quotidienne. Nos interlocuteurs responsables de services sociaux qui mènent une expérience d'observation sociale soulignent l'importance de ce moment, celui où l'on passe d'une « logique d'assistante sociale » à la prise en compte d'autres logiques : celles de l'entreprise, des élus ou d'autres acteurs de terrain. Cette réflexion permet à l'intervenant social de se situer dans son rôle à la fois institutionnel et social, dans sa position d'interface entre différentes logiques. Elle fait prendre conscience des apports de l'observation sociale tant aux autres acteurs qu'aux intervenants sociaux.

Former à une méthodologie adaptée

De cet enjeu – former à une observation sociale intégrée à l'intervention sociale – découlent les méthodes de l'observation sociale. Tout en empruntant aux sciences humaines, notamment à la sociologie, aux statistiques, les méthodes concrètes doivent s'adapter au contexte spécifique d'une observation sociale pratiquée par des intervenants sociaux. Ainsi, les modes de recueil des données, les possibilités de quantification et les marges de fiabilité, ne peuvent être mécaniquement transposés à partir des enseignements sociologiques. De même, l'analyse des données quantitatives ne peut donner lieu à un traitement statistique approfondi.

S'il est effectivement important que la formation apporte des connaissances empruntées à d'autres domaines que l'intervention sociale et ainsi ouvre le champ de références, son efficacité repose plus encore sur la capacité à prendre en compte la pratique quotidienne des intervenants sociaux pour y définir des méthodes, des modes de raisonnement adaptés à la fois aux intervenants sociaux et aux objectifs visés.

FICHE MÉTHODE 1

Démarche et apports d'une formation à l'observation sociale

Les apports de la formation doivent être étroitement liés à la pratique des intervenants sociaux.

1. Analyse de situations : de l'individu aux faits sociaux

Apprendre à analyser les situations rencontrées (demandes d'aides pour un problème d'argent, de logement ; restructuration d'un atelier…) en passant d'un raisonnement sur les individus à un raisonnement sur des ensembles d'individus ayant une ou plusieurs caractéristiques communes ;

– Apprendre à mesurer les variations de ces caractéristiques selon les lieux ou les périodes d'observation.

C'est une condition essentielle pour l'appropriation de la démarche.

2. Modes de recueil et de traitement des données quotidiennes de l'intervention sociale

– Apporter les connaissances nécessaires au traitement de leurs entretiens professionnels par les intervenants sociaux. Cette phase de formation comprend aussi l'entraînement au recueil informatisé des données, s'il est prévu.

– Élaborer une fiche d'entretien commune à l'équipe ; expliciter la façon dont le recueil s'effectue dans le travail quotidien et les conditions de fiabilité.

– Apprendre les modalités élémentaires de traitement : comptages, calculs de pourcentages, répartition en catégories, etc., en s'appuyant sur les données recueillies, les rapports d'activité.

– Construire une méthodologie de travail sur un thème.

Cette phase de formation est essentielle pour parvenir à une observation fiable, donc utile et appréciée.

3. Analyse et interprétation des données recueillies par les intervenants sociaux

– Analyses diachronique et synchronique ; notions de représentativité, de corrélation et de causalité.

– Principaux modes d'interprétation des observations.

– Apprendre à formaliser des observations : trier, classer, nommer, définir.

– Apporter les bases d'une étude par enquête : élaboration d'une problématique, faisabilité, méthodes.

Dans tous les cas, l'apport principal de cette formation doit être l'apprentissage d'une démarche rigoureuse appliquée aux cas concrets fournis par l'activité quotidienne.

Former à la maîtrise de la démarche

La formation des intervenants sociaux à l'observation sociale a pour enjeu de les rendre capables de maîtriser la totalité de la démarche : du traitement de leurs propres données de terrain jusqu'à la synthèse et l'interprétation d'un ensemble d'informations diverses. Cela peut paraître ambitieux, voire hors de portée. Mais l'appropriation complète de la démarche d'observation sociale nous semble une condition non seulement pour donner du sens à cette pratique, pour engendrer une dynamique, mais pour enclencher de nouveaux positionnements et expérimenter de nouvelles compétences, comme nous le verrons (chapitre 9). La prise en compte de cette préoccupation est clairement présente dans plusieurs expériences en cours, tant en entreprise que localement. Elle ne se traduit pas nécessairement par des formations lourdes. Nous donnons ci-contre deux exemples d'« aide méthodologique » à la pratique de l'observation sociale. Sous des formes très différentes, l'objectif est commun : « apprendre à faire », contribuer à la fois à la maîtrise d'une démarche et en garantir la validité.

Aider à l'appropriation d'une démarche de diagnostic social. Association pour la promotion de l'action et de la recherche culturelles et sociales (Nord)

Le Guide méthodologique pour l'approche des terrains d'intervention de la Prévention spécialisée[1] s'adresse notamment aux associations et aux professionnels de la prévention spécialisée qui souhaitent créer une activité de prévention (ou redéployer une activité existante). Il vise à les aider à réaliser le rapport à joindre à la demande d'agrément auprès du Conseil général. Intitulé « Observer. Diagnostiquer », ce guide propose une démarche détaillée de diagnostic d'un territoire (quartier). Chaque fiche thématique est conçue pour apporter une aide méthodologique : question autour de laquelle s'organisent la réflexion sur le thème et la collecte d'informations, sources de données existantes ou à mettre en œuvre, méthodes d'analyse et précautions à prendre, connaissances nécessaires à la compréhension du thème, éléments en vue d'une synthèse.

Lors de la réalisation du diagnostic, l'APARCS apporte une aide technique, des conseils et des informations.

Cette initiative a clairement pour objectif de diffuser une démarche d'observation sociale et de la rendre appropriable par des acteurs de terrain, tout en assurant les conditions pour que le résultat (rapport) soit considéré comme valable par l'instance départementale.

« Acquérir une réelle autonomie dans la démarche de connaissance ». Observatoire associatif du logement (Isère)

L'Observatoire associatif du logement (Isère) apporte un appui méthodologique différencié aux associations. Cette aide a pour but de rendre possible et fiable la collecte des données par les associations

1. Conçu par l'Association pour la promotion de l'action et de la recherche culturelles et sociales (APARCS) à la demande du Conseil général du Nord.

« L'Observatoire s'est fixé pour objectif de constituer un lieu-ressources permettant aux associations de se doter des outils statistiques et informatiques nécessaires à une amélioration de la connaissance de leurs publics et à une évaluation permanente des solutions qu'elles mettent en œuvre[1] ». Emmanuel Boulanger, responsable du rapport précise : « Les associations ont des logiciels de saisie informatique pour recueillir les données statistiques. À celles qui n'en ont pas, l'observatoire apporte un appui méthodologique pour en construire un. Il vise à ce que les données récoltées sur les publics soient comparables d'une année à l'autre, et d'une association à l'autre. Il aide les associations à définir les cadres méthodologiques et techniques de dispositifs qui leur permettent à terme d'acquérir une réelle autonomie dans la démarche de connaissance. »[2]

La formation à l'observation sociale : une formation ciblée et adaptée
Que veut-on former ? Des intervenants sociaux aptes à pratiquer l'observation sociale dans le cadre de leur activité. Non des statisticiens ni des chercheurs.
À quoi ? À une compréhension et une pratique (si possible) de la démarche d'ensemble de l'observation sociale.
Comment ? En adaptant les méthodes des sciences humaines et des statistiques aux objectifs (observer pour agir) et en intégrant la démarche à l'activité professionnelle.

Délimiter des espaces et durées d'observation

Si on veut comprendre non des cas individuels mais des faits sociaux, il est clair qu'il faut se fonder sur un certain volume d'observations. Il s'agit donc de savoir comment on obtient ce nombre : en assemblant quelles observations ? Quelles unités de lieu et de durée choisit-on ? La question se pose différemment pour le recueil des données d'une part, leur analyse et leur interprétation d'autre part. En effet, l'observation sociale est fondée sur deux exigences contradictoires : plus on décentralise le recueil des informations, plus celles-ci pourront être fines ; inversement, pour exploiter au mieux les données collectées, faire des comparaisons et apporter des interprétations, il faut les regrouper. L'organisation du dispositif doit donc s'orienter vers une articulation de niveaux à adapter en fonction de l'importance de l'espace à observer.

1. Extrait de Observatoire associatif du logement, *Logement et précarité en Isère*, Rapport annuel n°4, 1996-1997.
2. Entretien avec Emmanuel Boulanger, responsable du rapport. Il a été réalisé par Pascale Blondeau, assistante sociale à La Poste, en Isère.

FICHE MÉTHODE 2

Exemple d'un traitement de recueils de données à trois niveaux correspondant à un département, une région et un niveau national

Actions	*Acteurs*
Synthèse finale.	Équipe de direction de l'observation sociale.
Synthèses intermédiaires transmises au responsable du niveau concerné et diffusion au niveau central.	Cadres intermédiaires (conseillers techniques...). Équipes d'intervenants sociaux.
Recueil des données d'observation sociale + Synthèse et transmission au responsable local et au niveau supérieur pour un traitement plus global.	Intervenants sociaux.

Par contre dans une petite unité, l'observation sociale sera traitée à un seul niveau.

Le choix des unités d'observation et de synthèse pose cependant, des problèmes communs :

– des problèmes de pertinence méthodologique : quel est le seuil inférieur, celui en dessous duquel l'analyse et l'interprétation des données d'observation sociale sont impossibles et n'ont pas de sens parce que le nombre d'observations est trop faible ?

– des problèmes pratiques : peut-on mener l'observation sociale dans une petite commune, une entreprise moyenne ? Combien de temps le recueil de données doit-il durer ? Un mois ? un an ?

– des problèmes de cohérence : comment faire coïncider les espaces préexistants (des administrations, des politiques sociales locales, des intervenants sociaux) et les espaces les plus adéquats pour comprendre les phénomènes sociaux ? Comment concilier les temps administratifs ou politiques et les temps vécus ?

Ce sont ces problèmes que nous allons éclairer maintenant afin de permettre de définir les unités d'observation sociale dans les meilleures conditions d'efficacité.

Définir des espaces d'observation…

Pour définir les espaces d'observation, les territoires des institutions servent de base : une entreprise et ses différents sites, une administration et ses divers services, un département et ses circonscriptions d'action sociale[1]. Dans le cas d'une observation partenariale, de nouveaux espaces peuvent être définis pour tenir compte des répartitions de population et des modes de vie. Dans tous les cas, l'espace d'action doit déterminer l'espace d'observation. L'observation sociale des intervenants sociaux n'ayant pas pour but une exploitation statistique, le critère du nombre est secondaire.

Nous indiquons ici les principaux paramètres qui définissent ces espaces, en montrant pour chacun les enjeux.

à partir des espaces institutionnels…

Pour définir des unités d'observation pertinentes, l'organisation institutionnelle sert de base. Les différents niveaux de décision ou de gestion (ville ou quartier ; direction, services d'une entreprise ou d'une administration) fixent le cadre de l'observation sociale.

Faire correspondre les espaces d'observation et les espaces institutionnels rend possibles des comparaisons quantifiées. Par exemple, on pourra comparer le pourcentage de divorcés ou séparés parmi les personnes reçues par les intervenants sociaux et leur pourcentage dans l'entreprise. La cohérence entre observation et action est aussi facilitée.

> L'observation sociale des intervenants sociaux s'inscrit dans ce cadre institutionnel global, même si elle privilégie certains niveaux pour la synthèse des informations.

…ou en construisant des espaces d'action communs

Cependant, ces espaces institutionnels limitent dans certains cas l'observation : ils ne prennent en compte ni la répartition des populations ni les modes de vie. Or une personne ne voit pas ses problèmes disparaître parce qu'elle franchit la frontière communale ou parce qu'elle sort de l'entreprise (G. Martin, 1992). On risque ainsi de passer

1. Dans certains départements, les circonscriptions d'action sociale ont été remplacées ou complétées par d'autres territoires : des « espaces territoriaux » dans les Yvelines, des Agir (aire géographique d'intervention en réseau), etc.

à côté d'observations importantes… et de ressembler à cet ivrogne qui, selon une blague connue, cherche sa pièce sous le réverbère uniquement parce qu'ici, il y a de la lumière, alors qu'il a perdu sa pièce ailleurs ! Mais si les territoires d'observation sont différents des territoires d'action et de décision, il sera difficile d'observer pour agir !

Pratiquement, « il faut identifier le territoire d'action pour obtenir le territoire d'observation », comme le propose Jean-Louis Sanchez, délégué général de l'Odas[1] (*Politiques sociales et territoire,* 1996). Ce territoire d'action est soit propre à une institution soit commun aux différents partenaires de l'observation sociale. Dans ce cas, il faut le construire, en tenant compte des réalités institutionnelles de chacun et des finalités partagées de l'observation. Nous en donnons deux exemples.

Le découpage du territoire d'observation dans une ville autour d'une pratique commune. Observatoire de Quimper

« L'enjeu de cet observatoire est de confronter des données provenant de plusieurs partenaires autour d'une pratique commune. C'est de cette confrontation que naît la connaissance des réalités des habitants de Quimper. Cette condition de départ implique des contraintes méthodologiques :

– recueillir des données sur un territoire limité (la ville de Quimper) qui ne correspond pas au découpage d'action des institutions. Ceci implique un traitement adapté des informations pour chaque mesure ;

– adopter un découpage intra-communal commun. Jusqu'en 1996, le choix d'utiliser le découpage CCPD[2] avait été fait. Avec la réorganisation de plusieurs institutions dont la DPAS[3], il s'est avéré plus pertinent de travailler avec le découpage INSEE. Ce choix n'est pas neutre puisqu'il implique une perte des comparaisons dans le temps. Néanmoins la volonté de coller aux préoccupations de terrain doit primer. »[4]

Les enquêtes-santé territorialisées dans les quartiers DSQ[5] : territoires vécus et territoires administratifs. Réseau d'observation du Nord-Pas-de-Calais

Quel territoire choisir pour les enquêtes-santé dans un quartier ? Selon l'analyse du Réseau d'observation Nord-Pas-de-Calais, le territoire étudié est un compromis entre trois paramètres : la volonté de prendre en compte

1. Observatoire national de l'action sociale décentralisée.
2. Comité communal de prévention de la délinquance.
3. Direction de la prévention et de l'action sociale du Conseil général du Finistère.
4. Sandrine Grivel-Delillaz, responsable du Centre d'évaluation et de recherches en politiques sociales (CERPS), texte de présentation de l'Observatoire de Quimper.
5. Quartiers DSQ : quartiers faisant l'objet d'une procédure de Développement social des quartiers (devenu développement social urbain) dans le cadre de la politique de la Ville.

l'ensemble des habitants et non d'opérer par catégories (jeunes, personnes âgées, chômeurs, toxicomanes, etc.) ; les territoires vécus, micro- territoires de la réclusion et de l'identification ; la nécessité d'avoir une approche transversale aux diverses circonscriptions administratives. Il permet de redonner du sens à la notion de quartier et d'ouvrir le dialogue entre acteurs locaux.

« L'exclusion, la désinsertion des populations en difficulté se soldent géographiquement par une sous-consommation d'espace, un enkystement local (sur le quartier, l'immeuble, la cage d'escalier, le domicile et à l'extrême, la chambre à coucher) qui correspond à une auto-réclusion croissant avec l'importance des difficultés. C'est pourquoi, souvent, l'attachement des habitants à leur quartier renvoie à la fois à la notion d'appropriation et au sentiment d'être captifs [...]. La prise en compte de cette territorialisation vécue et ambivalente est un fait à ne pas sous-estimer.

Enfin il est souvent indispensable de prendre en compte la diversité des circonscriptions administratives qui, plus qu'ailleurs sans doute, aboutit à une dissection décisionnelle et conceptuelle de ces quartiers. Ainsi les professionnels de terrain pourront se situer vis-à-vis des autres services destinés aux usagers et engager un premier dialogue avec ceux-ci. Ne plus prendre comme sa seule référence sa propre circonscription ouvre la porte à une appropriation d'un terrain d'intervention devenant collectif (le ou les quartiers) de la part des acteurs locaux. »[1]

Le nombre d'observations : un critère secondaire

Le principe statistique conduit à privilégier les grandes unités pour obtenir le plus grand nombre possible d'informations et donner ainsi le maximum de fiabilité à l'analyse des données recueillies. Il est appliqué pour les recensements démographiques et les études par échantillons.

Il convient cependant de relativiser ces contraintes au regard des enjeux propres de l'observation sociale des intervenants sociaux. La quantification des données qu'ils doivent effectuer ne saurait en effet s'apparenter à un dénombrement statistique. Elle a pour objectif de dégager des repères de grandeur permettant d'estimer l'importance quantitative d'une demande, d'un comportement. Ces repères ne sont en aucun cas absolus : aussi est-il impossible d'indiquer une taille minimale de territoire d'observation. On peut simplement dire : des observations ne peuvent être analysées en détail et interprétées si elles ne sont pas resituées dans un ensemble qui leur donne du sens. Il convient donc de réserver l'analyse quantitative à une somme suffisante d'observations, si cela est possible. Les repères quantitatifs de

---

1. Extrait de *Populations en difficulté*, Réseau d'observation du Nord-Pas de Calais, 3 avril 1994.

l'observation sociale à l'échelle des intervenants sociaux sont relatifs ; ils prennent du sens dans une comparaison avec d'autres nombres, d'autres lieux, d'autres périodes[1]. Le nombre n'est donc pas le premier critère à prendre en compte pour déterminer une unité d'observation sociale.

> Le choix des espaces d'observation dépend avant tout de la nature des observations. Les espaces institutionnels constituent la base. Il est possible de concevoir des espaces d'observation transversaux à plusieurs institutions, en fonction de finalités et de pratiques communes. Il est souvent difficile de prendre en compte les espaces vécus, malgré tout l'intérêt qu'ils présentent pour interpréter les observations. Par contre, les contraintes de taille du territoire, liées à des normes d'exploitation statistique des observations, ne nous semblent pas prioritaires à prendre en compte.

Définir des unités temporelles d'observation...

Aux contraintes et critères qui déterminent le choix des territoires d'observation, s'ajoutent ceux qui concernent la durée des observations. Ils sont assez semblables aux précédents. L'année civile constitue la période de référence la plus simple. Cependant, il convient d'adapter la durée du recueil des données d'observation sociale lorsque l'on étudie des dispositifs aux durées particulières. Nous montrons les enjeux que comporte chacun de ces choix.

L'année civile : durée de référence

Combien de temps doivent durer les observations ? La durée des observations varie d'abord selon l'utilisation que l'on veut en faire. Si on veut pouvoir effectuer des comparaisons avec des données émanant d'autres sources (INSEE, bilans sociaux d'entreprise), il faut adopter la même référence : l'année civile. C'est la base des tableaux de bord des observatoires locaux. Cependant, des arbitrages seront parfois nécessaires si on veut aboutir à une observation cohérente : l'année civile n'est pas l'année scolaire et les budgets ont leur propre périodicité...

1. Comme l'explique Alain Parant (G. Martin, 1998), les petits nombres sont un « vrai faux problème ». Il donne le conseil suivant à l'observateur social : « soit regrouper plusieurs populations (qu'il choisira suffisamment homogènes) et leurs territoires associés ; soit étendre sa période d'observation afin de pouvoir analyser un plus grand nombre de faits et dégager des comportements moyens en milieu de période ».

La durée des observations dépend aussi de ce que l'on étudie : le nombre de personnes reçues dans un service social s'étudie bien sur un an, alors que les effets d'un dispositif exigent un temps d'observation adapté. Ainsi, l'Observatoire de Quimper souligne les différences de durée d'observation qu'il est nécessaire d'appliquer selon les dispositifs que l'on veut suivre : « La périodicité retenue est une périodicité semestrielle pour la quasi-totalité des dispositifs. Cette fréquence nous a semblé être la plus pertinente compte tenu de la lourdeur du recueil des données, mais surtout compte tenu de l'évolution rapide des publics bénéficiant des différents dispositifs. Pour certaines données, une analyse annuelle pourrait être envisagée afin, notamment, de tenir compte de la fiabilité de l'information mais surtout de l'aspect captif ou statique de la population. Il est clair que, quand l'information est gérée annuellement, l'observation doit s'adapter à ce rythme »[1].

Il est particulièrement important d'inscrire l'observation sociale dans une durée longue pour bien faire apparaître les évolutions.

C'est aussi un moyen d'éviter la stigmatisation de certaines populations, comme le montre Danièle Debordeaux de la CNAF : « Le risque fort de catégorisation voire de stigmatisation de tel ou tel groupe social ou de tel quartier s'inscrit dans cette ambiguïté, cette tension. Indicateurs et descripteurs tendent à rendre compte d'états, caractéristiques de groupes considérés comme stables et sur lesquels le politique se focalise et qui tendent à devenir des caractéristiques intrinsèques des groupes eux-mêmes alors que seules des approches longitudinales permettent de rendre compte de processus et d'interactions entre groupes sociaux mobiles » (Debordeaux, 1996).

Cependant, l'observation peut parfois être brève, lorsqu'il s'agit d'étudier l'état d'une population, un problème, un lieu à un moment donné. Cette méthode du zoom est employée à La Poste par les assistants sociaux en complément de l'étude régulière de la population reçue. Elle permet de tester une impression, de préciser les caractéristiques d'une population spécifique. Par exemple, en reprenant les dossiers d'entretien réalisés dans les six mois précédents, il est possible de savoir quel pourcentage des personnes reçues par les assistants sociaux a fait une demande de mutation, et quelles en sont les caractéristiques.

---

1. Sandrine Grivel-Delillaz, responsable du Centre d'évaluation et de recherches en politiques sociales (CERPS), texte de présentation de l'Observatoire de Quimper.

> L'année civile constitue la période de référence la plus simple et la plus courante. Pour étudier un dispositif, il vaut mieux définir une durée d'observation adaptée. On peut aussi prévoir des observations ponctuelles et ciblées.

Construire un dispositif en cohérence avec d'autres dispositifs d'observation sociale

Le montage d'un dispositif d'observation sociale doit prendre en compte les contraintes de cohérence externe. Ainsi, on peut imaginer que localement, un dispositif soit construit en fonction des problèmes du terrain, des façons de vivre et paraisse pertinent. Mais son utilité sera limitée s'il ne correspond à aucun autre, si les catégories employées, les indicateurs retenus sont différents de ceux utilisés par d'autres dispositifs locaux ou nationaux. C'est l'un des handicaps majeurs de la mise en place d'observatoires locaux, écartelés entre deux tendances. D'un côté, utiliser des « indicateurs construits de manière centrale, à l'échelon national », mais qui ne seraient pas « les plus appropriés pour rendre compte, en justesse et en finesse, du local ». De l'autre, « la multiplication d'observatoires locaux et *ad hoc* [...] fait courir le risque d'une "balkanisation de l'observation" et de limiter les possibilités de comparaisons interrégionales, nationales ou européennes » (Ménard, 1996).

Pour être utile, l'observation sociale doit donc employer autant que possible des catégories et une méthodologie sur lesquelles un accord existe. Ce processus prend du temps, mais il est le garant de la cohérence des résultats et créateur de dynamique. Ainsi, l'Observatoire national de l'action sociale décentralisée a développé ces dernières années une méthodologie d'observation de l'enfance en danger maintenant partagée par la quasi totalité des départements.

Dans tous les cas, le dispositif d'observation sociale mis en place par les intervenants sociaux sera un compromis entre ces contraintes et la priorité donnée à certains enjeux. En pratique, la construction du dispositif dépend des buts assignés à l'observation sociale, de l'intérêt porté à la quantification des données, du type de phénomènes observés, et des modalités selon lesquelles les synthèses d'observation sociale contribuent à la prise de décisions.

Délimiter le champ de l'observation

Le champ de l'observation sociale est *a priori* indéfini, à la mesure de la complexité de la société, de ses modes de régulation et de ses dysfonctionnements. Aussi mettre en place un dispositif d'observation sociale nécessite-t-il de délimiter le champ de l'observation. C'est une opération utile à tous les acteurs concernés : les intervenants sociaux-observateurs doivent savoir ce qu'ils vont observer ; les destinataires et utilisateurs potentiels ce qu'ils apprendront. C'est sur cette base qu'il sera possible de sensibiliser les destinataires de cette observation sociale ainsi que d'autres partenaires. La démarche s'apparente à celle d'une offre de service comme nous l'avons vu (chapitre 3, première section) : à partir des ressources existantes ou à mobiliser, et du repérage des déficits de connaissance, les intervenants sociaux dressent la carte des apports nouveaux ou complémentaires possibles. Elle indique les sujets sur lesquels l'observation sociale apportera des informations et les formes sous lesquelles elles seront disponibles. Ce sont ces sujets que nous allons évoquer maintenant.

Observation sociale généraliste ou spécialisée

En pratique, les observatoires ou les dispositifs d'observation sociale sont de deux types : soit ils offrent une information de type généraliste, soit leur champ est spécialisé. L'observation sociale des intervenants sociaux dans les entreprises ou les administrations est du premier type : elle couvre potentiellement tous les domaines du champ social, dans la mesure où ils ont un lien avec l'entreprise ou l'association. Certains observatoires locaux sont spécialisés : logement, insertion, enfance en danger, même si ces champs sont en eux-mêmes très vastes. Malgré cette différence d'envergure possible, le champ d'observation sociale résulte en fait d'une construction progressive qui lui donne sa cohérence et sa légitimité.

Une possibilité : élargir progressivement l'observation. Observatoire de Quimper

« Le risque, lors de la mise en place d'un observatoire, consiste à avoir un champ d'observation trop large. La ville de Quimper a donc souhaité dans un premier temps que la porte d'entrée du champ d'observation soit l'insertion par l'activité économique. Ce champ d'observation est aujourd'hui très mal maîtrisé puisque les informations sont dispersées entre de multiples partenaires. Et pourtant aujourd'hui, il concerne un public de plus en plus nombreux et surtout de plus en plus diversifié. C'est pourquoi le choix de la ville de

> Quimper offre des possibilités d'analyse jusqu'ici inexploitées. Dès la maîtrise du champ d'observation, il a été possible d'élargir à un autre pan du secteur social pour notamment aborder les interactions entre les dispositifs d'insertion professionnelle et les dispositifs financiers accessibles aux Quimpérois. »[1]

La construction du champ d'observation sociale

Le champ de l'observation sociale se construit au croisement des ressources des intervenants sociaux et des interrogations des décideurs.

Le capital d'informations dont disposent les intervenants sociaux permet de fournir un état quantifié et analytique des personnes reçues, des demandes ou des thèmes d'intervention ainsi que des informations plus qualitatives sur les effets d'une mesure (ouverture de nouveaux profils de postes), l'état d'une question (traitement de l'« inaptitude » dans une entreprise ; logement).

FICHE MÉTHODE 3

Le capital d'informations des intervenants sociaux

1. La connaissance des personnes reçues : nombre total et évolution, proportions par sexe, âge, situation familiale, statut professionnel, revenus ou autres variables selon les cas.
2. La connaissance des demandes et des thèmes d'intervention : nombre total, proportions par catégories ou domaines : vie au travail, santé, vie familiale et personnelle, emploi, finances, logement, demandes d'information, etc. selon le champ d'intervention.
3. Des informations ciblées : caractéristiques d'un public spécifique (ex : RMIstes d'une ville), effets d'une mesure (ex : effets des aides attribuées par la CAF au départ en vacances sur des familles bénéficiaires), état d'une question (ex : le retour au travail des salariés ayant subi une agression ou un hold-up).

Parmi les incertitudes des décideurs, certaines concernent les évolutions des difficultés sociales : ils souhaitent disposer de connaissances quantifiées régulières sur les problèmes sociaux au sein de l'entreprise ou dans un département (combien ? Lesquels ? Quels types de personnes ?) ou sur un problème précis (alcoolisme, insertion des jeunes, personnes âgées dépendantes) ; être informés de l'émergence de nouveaux comportements, de problèmes potentiels (« populations à risques »...) ; mieux appréhender les effets d'une décision sur une catégorie ; mesurer les tendances.

1. *L'Observatoire de Quimper. Données. Analyses. Propositions*, décembre 1994.

Les choses paraissent simples : offre et demande peuvent correspondre... Dans la pratique cependant, la délimitation du champ d'observation sociale résulte d'un processus de construction. En effet, la position institutionnelle des deux parties, les domaines d'intervention définis par des textes ou par l'habitude, les méconnaissances et représentations réciproques, tendent à rendre difficile la reconnaissance de nouveaux droits ou de nouvelles compétences, liés à la pratique de l'observation sociale. Ainsi, les assistants sociaux d'une banque peuvent-ils fournir une observation sociale sur les problèmes financiers des salariés ? Comme l'explique la responsable du service social de la Société Générale, la reconnaissance de ce champ d'observation est étroitement liée à la capacité à lier problèmes financiers et répercussions sur la vie professionnelle.

Un exemple de construction d'un champ d'observation : le surendettement des salariés d'une banque. Service social de la Société Générale

À la Société Générale, le service social a défini un champ d'observation dans un domaine où jusqu'à présent il n'avait pas de réelle légitimité à intervenir. Il a effectué parallèlement la construction d'un champ d'intervention et celle d'un champ d'observation.

« Dans une banque, l'employeur est en même temps le banquier des salariés. Pour un responsable du personnel, cela signifie : traiter des problèmes financiers d'une personne, c'est connaître sa vie personnelle par l'intermédiaire de son compte bancaire. Les positions ne sont pas toujours claires. Quand un salarié a des difficultés financières importantes, il peut arriver que sa qualité professionnelle soit mise en cause... Jusqu'à présent, ces problèmes ont été gérés dans l'entreprise par l'employeur-banquier. Comme l'employeur est touché dans son propre travail de gestion, le service social a dû construire son intervention. Ce fut l'objet d'un groupe de travail sur l'observation sociale : Est-ce qu'on s'autorise à dire des choses sur ce sujet, à observer ce qui se passe, et ensuite à faire des préconisations sur ce sujet ? Si oui, comment s'autorise-t-on à le dire ? Quelles mesures exceptionnelles peut-on proposer sans remettre en cause le travail de banquier ? [...] Les assistantes sociales du groupe ont mené une étude sur dossiers, chacune dans leur région [...] qui a abouti à un rapport. Elles ont analysé la population concernée, distingué des types d'endettement différents et montré l'impact qu'a cette situation au plan professionnel. À partir des cas étudiés, des scénarios ont pu être élaborés : scénarios d'aggravation, scénarios de redressement, ainsi que des propositions. »[1]

1. Claire Lecoq, conseillère chef du Travail et Louisette Sicard, adjointe, service social de la Société Générale, entretien du 22 janvier 1999.

Le champ reconnu à l'observation sociale des intervenants sociaux dépend donc de la construction qui est effectuée des thèmes d'intervention : elle doit prouver qu'elle intéresse le destinataire de l'intervention sociale et qu'elle comprend sa logique.

La construction d'un droit. Service social de la Société Générale

Le rapport « Le surendettement et ses répercussions sur la vie professionnelle des salariés de la Société Générale » présente dans son dernier chapitre les propositions d'un groupe de travail du service social. Pour justifier le droit du service social à intervenir sur ce sujet, il définit ce champ d'intervention et d'observation à l'articulation de trois logiques : celle du service social, celle du banquier, celle du salarié. Il montre ainsi la spécificité du champ d'observation du service social sur le surendettement ainsi que l'intérêt de son apport à la connaissance et au traitement de ce phénomène.

« Aborder la question du surendettement, c'est accepter de considérer que la "bonne ou mauvaise gestion de l'argent" n'est pas en lien avec une appartenance socio-professionnelle, pas plus qu'avec le niveau intellectuel de la personne : le rapport à l'argent induit des attitudes comportementales qui renvoient au registre des affects.

Dès lors, il convient de :

– veiller à appréhender cette problématique sans isoler le contexte professionnel du contexte familial du salarié, et sans dissocier la réalité financière de la réalité sociale ;

– retenir que le service social est un médiateur pour concilier, voire "réconcilier" des préoccupations qui ne sont pas de même nature : le banquier vise un objectif à court terme (suppression d'une ligne débitrice), tandis que l'agent surendetté vise un double objectif qui le mobilise sur du long terme (établissement d'un équilibre à la fois financier et social). Un compromis doit être recherché dans la mise en œuvre de moyens compatibles pour finaliser ces objectifs ;

– considérer que la démarche du service social, au contact du salarié, est de "comprendre" et d'"expliquer" le processus qui l'a conduit à se surendetter sans pour autant l'excuser ou le déresponsabiliser ;

– rappeler que l'agent reste, en tout état de cause, libre de son choix de vouloir ou non traiter de sa situation de surendettement et en conséquence, d'en assumer les répercussions. »[1]

Délimiter le champ de l'observation sociale nécessite d'évaluer précisément le déficit de connaissances des institutions destinataires et partenaires, et de mettre en regard les potentialités d'informations

1. Société Générale, Service social, *Le surendettement et ses répercussions sur la vie professionnelle des salariés de la Société Générale*, 1998.

inexploitées propres aux intervenants sociaux. C'est un processus qui passe par une construction et une légitimation des apports spécifiques et des domaines d'intervention.

> Comme la qualité d'une paire de lunettes dépend de son adaptation aux caractéristiques de son utilisateur et des objets qu'il désire voir, l'efficacité d'un dispositif d'observation sociale dépendra du soin que les intervenants sociaux auront mis à le construire. Il appartient à chaque équipe de concevoir et expérimenter son outil.
>
> En pratique, cette construction est un processus qui peut prendre deux ou trois ans : c'est le délai nécessaire pour définir des objectifs et des méthodes, sensibiliser directions et partenaires, mettre en place un cadrage institutionnel, expérimenter une démarche commune.
>
> Prévoir une mise en route et une montée en charge progressives : sans doute vaut-il mieux au démarrage préparer et annoncer la rédaction d'un rapport se limitant à une analyse des personnes reçues avant d'envisager des documents plus diversifiés et plus approfondis.

4

Définir des méthodes appropriées

Des méthodes d'observation sociale appropriées à des praticiens

• **Trois conditions :**
– l'observation sociale doit être intégrée au travail quotidien ;
– l'observation sociale requiert un cadre commun de recueil des données ;
– l'observation sociale s'appuie sur des méthodes de recueil de données et d'analyse, rigoureuses et fiables.

• **Les sources :**
– principales : les entretiens professionnels ;
– en appui : les observations sur site (passage dans les services d'une entreprise ou d'une administration et dans les quartiers, les associations...) ;
– en complément ponctuel : études, enquêtes ;
– en référence : documentation, informations diverses.

• **Une démarche quantitative** pour appuyer son argumentation sur des faits mesurables.

• **Une démarche qualitative** pour donner du sens aux données recueillies et comprendre plus profondément ce qui est en jeu.

Par quelles méthodes les intervenants sociaux peuvent-ils faire de l'observation sociale ? La définition de ces méthodes doit remplir trois conditions :

- la première est pratique : l'observation sociale doit être intégrée au travail quotidien. Ce qui fait l'intérêt de l'observation sociale des intervenants sociaux, c'est précisément qu'elle repose sur l'existant, qu'elle exploite des éléments disponibles : les entretiens professionnels et les observations quotidiennes. Les enquêtes ou études d'une question jouent un rôle complémentaire ;
- deuxième condition : l'observation sociale requiert un cadre commun à l'ensemble des intervenants sociaux concernés pour que les données soient comparables, qu'on puisse les additionner, les analyser ensemble ;
- enfin, l'observation sociale doit être organisée selon des méthodes rigoureuses et fiables afin de remplir sa fonction d'apport de connaissance et d'aide à la décision.

La base : les entretiens professionnels

Le cadre du recueil des données d'observation sociale des intervenants sociaux est constitué par leur activité professionnelle : les entretiens professionnels sont donc la principale source de données. L'ensemble des fiches établies à l'occasion des entretiens forme le matériau essentiel de leur observation sociale. Ces fiches regroupent les informations nécessaires à l'intervention individuelle mais sont parallèlement utilisées *a posteriori* pour l'observation sociale.

Elles recueillent des informations qui ont trait

- à l'état civil de la personne ;
- à la situation familiale ;
- à la situation professionnelle ;
- aux motifs de la demande.

Ce sont ces indications qui seront ensuite synthétisées et analysées aux différents niveaux : équipes, synthèses intermédiaires et globales.

Fonder l'observation sociale sur les entretiens professionnels présente plusieurs avantages. L'observation sociale n'est pas une tâche qui s'ajoute à celles qui existent même si elle modifie profondément la conduite du travail quotidien parce qu'elle transforme le regard et les façons de penser. Donc, une fois l'habitude prise, le temps consacré à synthétiser les données n'a rien de comparable avec le temps exigé par une recherche ou une enquête. Cette méthode permet aussi d'exploiter un capital d'informations et de valoriser une compétence en lui ouvrant un nouveau champ.

> ***« Capitaliser l'existant ». Haute-Vienne***
>
> *Le Conseil général de Haute Vienne a procédé à la définition d'unités territoriales d'action sociale. Pour chaque UTAS, les équipes de travailleurs sociaux doivent élaborer un projet d'action. La première phase est constituée par un diagnostic territorial. Comment procéder ?*
>
> « Pour commencer, il faut capitaliser l'existant. Il existe beaucoup d'informations qui remontent aux services centraux du conseil général : des statistiques, mais elles sont insuffisamment exploitées ; aussi des travaux de présentation faits lors des journées "portes ouvertes", des données collectées lors du montage de projets... Il faut d'abord partir des connaissances existantes, en voir les limites, puis proposer des pistes pour compléter en harmonisant les données recueillies et à recueillir... » [1]

Mais pour que les entretiens professionnels constituent réellement une source de données utilisable, il est indispensable que soit élaboré au préalable un cadre commun de recueil de données.

Créer un cadre commun de recueil des informations

Selon le vieux précepte de nos instituteurs qui interdit d'additionner des carottes et des pommes de terre, il convient de définir ce que l'on entend par l'une et l'autre catégorie afin de fournir des comptes valables. Mais tout dépend de ce que l'on veut faire : pour faire une addition, on ne procède pas comme pour faire de la soupe !

> ***L'enfance en danger : définir pour évaluer et prévenir. Observatoire national de l'action sociale décentralisée***
>
> *Le groupe de travail de l'Odas[2] sur l'enfance en danger a élaboré des définitions, aujourd'hui largement partagées, distinguant trois catégories :*
>
> – **enfant maltraité** : enfant victime de violences physiques, cruauté mentale, abus sexuels, négligences lourdes, ayant des conséquences graves sur son développement physique et psychologique ;

1. Marcel Groche, formateur, entretien du 8 mars 1999.
2. L'Observatoire national de l'action sociale décentralisée a été officiellement mandaté en 1990 pour mettre en place un dispositif d'observation nationale de l'enfance en danger. *Cf.* Odas, *L'observation de l'enfance en danger : guide méthodologique*, Odas Éditeur, 1995.

– **enfant en risque** : enfant qui connaît des conditions d'existence qui risquent de mettre en danger sa santé, sa sécurité, sa moralité, son éducation ou son entretien, mais qui n'est pas pour autant maltraité ;

– **enfant en danger** : ensemble des enfants maltraités et des enfants en risque pris en charge par l'ASE[1] ou par la Justice.

Aussi, pour faire de l'observation sociale, est-il indispensable que l'équipe concernée définisse les informations qu'elle souhaite connaître et transmettre, mette à plat les problèmes de classement et élabore une grille commune.

FICHE MÉTHODE 4

Pour constituer une grille commune d'observation sociale : quelques questions à résoudre

1. Pour compter les personnes reçues

– Qu'entend-on par « personne reçue » ? Seulement les personnes reçues à la permanence ? ou aussi celles avec lesquelles l'intervenant a un entretien hors de ce cadre ?

Remarque : une définition simple est préférable. Il ne sert à rien de choisir la définition qui donne les nombres les plus grands, en supputant qu'ils montreront mieux l'étendue du travail accompli. L'observation sociale n'a pas pour rôle d'informer sur l'activité des intervenants sociaux.

– Comment compter une personne reçue plus d'une fois ? Pour une même raison ? pour des raisons différentes ?

– Faut-il distinguer les personnes nouvelles ?

Remarque : il vaut mieux peu de catégories bien construites que beaucoup inutilisables. La construction de la grille s'effectue en pensant à l'utilisation réelle qu'on fera des données.

2. Pour compter les demandes

– Qu'entend-on par demande ? Doit-elle être explicitée par la personne elle-même ?

– Faut-il enregistrer une demande implicite ?

– Quel principe adopter pour les demandes multiples ?

– Comment les classer ? Quels domaines de demandes sont le plus souvent mentionnés ? Ex : santé, logement, finances, famille, etc.

– Certaines demandes relèvent de deux domaines possibles. Comment les classer ? Dans deux domaines ? Dans l'un d'entre eux qui paraît plus pertinent ?

Remarque : il vaut mieux anticiper les problèmes, en discuter dans l'équipe plutôt que s'en remettre au bon sens de chacun. Une des conditions de crédibilité de l'observation sociale est qu'on puisse justifier de la façon dont les données sont recueillies. L'existence d'un cadre commun contribue à donner de la fiabilité aux données.

1. Aide sociale à l'enfance.

3. Pour enregistrer les caractéristiques des personnes

– Quelles sont les données socio-professionnelles et socio-démographiques les plus pertinentes pour rendre compte des populations qu'on observe ? L'âge, le sexe, la situation familiale, le statut professionnel… ?

– Faut-il s'en tenir à la situation juridique ou à la situation réelle pour les personnes mariées mais qui vivent séparées… ?

Remarque : l'élaboration de la grille de recueil des données doit tenir compte des catégories existantes, avec lesquelles on fera des comparaisons. Il ne sert à rien d'inventer des catégories si on ne peut effectuer aucune comparaison. Les catégories existantes ne sont pas toujours adaptées à l'observation sociale des intervenants sociaux, mais elles présentent l'avantage d'être un langage commun.

Une fois élaborée, cette grille doit être testée afin d'en mesurer la facilité d'utilisation et de remédier aux flous et aux incohérences apparents. Mais de toute façon, elle nécessitera des ajustements au fur et à mesure de son utilisation.

La construction du mode de recueil des données à partir des entretiens professionnels exige ainsi d'anticiper leur mode d'exploitation et de communication. C'est à la fois un apprentissage de la rigueur et une garantie de fiabilité : on sait comment sont collectées les données, ce que signifient les catégories, ce qu'elles incluent ou excluent ; on établit ainsi les marges de fiabilité de l'observation et on fonde la crédibilité de son interprétation.

En appui : les observations de terrain

La deuxième méthode par laquelle les intervenants sociaux effectuent l'observation sociale est aussi directement liée à leur travail de terrain. Elle consiste à tirer le maximum d'informations des observations quotidiennes : visites de sites ou de quartiers, rendez-vous à domicile fournissent une quantité importante d'enseignements, de suggestions, de vérifications. Ces données servent à caractériser les phénomènes sociaux, à donner du sens aux comportements en les inscrivant dans un contexte, à étayer des interprétations.

Ainsi, dans une entreprise où existent des projets de restructuration, il est fréquent que les salariés, y compris des cadres, s'adressent spontanément à l'assistante sociale lors de ses passages dans les services. Ils font alors part de leurs interrogations, de leurs inquiétudes, mettant ainsi en évidence des carences dans l'information et la communication sur les projets existants. Ces observations fournissent un matériau très différent de celui recueilli dans les entretiens : les populations sur lesquelles porte l'observation sur site sont beaucoup plus larges et diverses que celles qui se rendent en permanence ; elles ne formulent pas de demandes au service social, mais expriment par leurs propos et leurs comportements un état d'esprit, ou signalent un problème d'ordre général.

Cette méthode suppose à la fois le développement de l'attention et une réflexion préalable. Pour une part en effet, les observations de terrain sont effectuées en fonction d'un cadre d'analyse préétabli, qui guide l'attention, filtre les perceptions, détermine les centres d'intérêt, mais est aussi soumis au test de la réalité. Pour une autre part, les observations ne s'inscrivent pas dans les préoccupations immédiates, dans ce qu'on cherche à caractériser et à comprendre. Elles ne seront pas toujours exploitables tout de suite mais elles servent souvent à alerter sur une différence, à donner du sens à d'autres observations, à repérer des faits sociaux nouveaux. Ainsi, dans plusieurs entreprises, les assistants sociaux ont remarqué ces dernières années que de plus en plus souvent des cadres s'exprimaient sur leurs difficultés professionnelles en saisissant l'occasion d'une rencontre dans un couloir ou à la cafétéria. Ces observations, par leur convergence, ont permis d'analyser « des insuffisances de communication, de formation, de clarté dans la définition et l'avenir de leurs activités » [1] et des variations selon les sites et les niveaux de responsabilité.

Des compléments possibles : les enquêtes

Aux méthodes directement liées au travail quotidien des intervenants sociaux, peuvent s'ajouter dans certains cas de petites études ou enquêtes qui débordent du cadre strict des interventions sociales. Celles-ci peuvent être envisagées pour compléter et préciser la connaissance et la compréhension d'un phénomène particulier. Ainsi à la RATP, de petites études complémentaires à l'étude de la population reçue sont menées par les assistants sociaux de certaines unités : elles portent sur une catégorie de population mal connue (« les agents des départements Bus et MRB en congé sans solde » [2]), des problèmes spécifiques (« la difficulté d'organisation de la vie quotidienne chez les familles monoparentales exerçant comme personnel "station" au dépar-

1. La Poste, synthèse de l'observation sociale des assistants sociaux, 1996.
2. RATP, Service social, unité action sociale et prévention, département protection, prestations et préventions sociales, 1995.

tement MTR »[1]). De même, à La Poste, de petites études précisent des aspects dégagés par les entretiens : « la réorientation professionnelle liée aux restructurations de service : des incidences sur la vie du personnel »[2], « les chefs d'établissement de classe II » dans un département...

L'enquête : complément de l'observation menée dans le travail quotidien. Exemple : accompagnement de familles lors de leur premier départ en vacances. CAF de Creil

Deux assistantes sociales de la CAF de Creil (Oise), en association avec un Centre social, organisent depuis 1989 une opération de premier départ en vacances pour des familles disposant de faibles ressources. Avec le soutien d'un sociologue, elles ont mené une étude en 1994 pour mieux connaître les populations concernées et évaluer l'action menée. Les méthodes employées associent la connaissance acquise dans le cadre de l'accompagnement des séjours (étude des caractéristiques des familles de 1990 à 1994 ; relevé d'observations) et une enquête (questionnaire auprès de 34 familles, suivi de 9 entretiens approfondis). *Cf.* Bertrand Dubreuil, « Drôles de vacances ! Évaluation d'une opération de premier départ en vacances », *Études et recherches*, CAF de Creil, décembre 1994.

Ces études permettent de mieux analyser des comportements dont la signification échappe, les effets d'une décision sur les représentations et le vécu des personnes concernées... Elles peuvent être menées soit à l'initiative des équipes soit à la demande de partenaires. Dans ce cas, elles supposent le respect du cadre déontologique.

Pour recueillir les informations, ces études doivent définir leur cadre de pensée et leurs méthodes. Le plus souvent, elles se fondent sur les techniques d'enquête sociologiques par entretiens semi-directifs. Chaque étude requiert dès lors une préparation propre : définir la population et le sujet de l'étude, formuler les hypothèses qui vont guider cette étude, choisir un petit échantillon présentant une variété de cas, élaborer un guide d'entretien, fixer le cadre institutionnel de cette enquête et la façon dont elle sera présentée aux enquêtés.

Intéressantes parce qu'elles permettent l'approfondissement d'une question et valorisent ceux qui l'effectuent, elles sont cependant coûteuses en temps. Aussi est-ce souvent un groupe de travail, voire

1. RATP, Service social, unité prestations sociales, département protection, prestations et préventions sociales, 1993/1994.
2. La Poste, direction des Yvelines, Marie-Claude Bagna, octobre 1996.

une personne particulièrement motivée, qui prend en charge la réalisation d'une étude. Dans certains organismes toutefois, cette méthode constitue la base de l'observation sociale. Nous ne développerons pas ici cette méthodologie parce qu'elle a été déjà largement expérimentée et s'appuie sur une démarche et des techniques connues, notamment développées par la recherche universitaire.

FICHE MÉTHODE 5

Les sources de l'observation sociale des intervenants sociaux

Rôle dans l'observation sociale	*Méthode*	*Informations apportées*
Principal	Entretiens professionnels.	– Caractéristiques des personnes reçues. – Demandes.
En appui	Observations sur site (passages dans les services, dans les quartiers…).	– Propos de diverses personnes. – Comportements. – Relations. – Environnement : cadre de travail, cadre de vie.
En complément ponctuel	Études, enquêtes.	– Connaissance d'une population spécifique. – Approfondissement d'un problème.
En référence	Documentation diverse. Réunions.	– Caractéristiques de la population de référence. – Connaissance des dispositifs, mesures, réglementations. – Positions et attentes des autres acteurs.

DES MÉTHODES QUANTITATIVES ET QUALITATIVES

L'observation sociale menée par les intervenants sociaux s'appuie sur des méthodes à la fois quantitatives et qualitatives. Leur importance respective dépend de chaque cas concret, des attentes des décideurs, des apprentissages de compétences, mais l'observation sociale n'a de sens que si elle associe les deux approches.

Au départ, prendre l'habitude de quantifier et de faire l'analyse quantitative des données est fondamental. Quantifier permet d'engager une démarche de rigueur, de communiquer avec les directions, les élus, les managers sur la base d'un langage commun, de donner une image du travail social différente de celle qu'ils ont souvent. Se fait ainsi l'apprentissage d'un réflexe important pour susciter l'intérêt et provoquer ensuite une demande plus qualitative, visant à comprendre plus profondément ce qui est en jeu.

Les méthodes qualitatives permettent de donner du sens aux données recueillies. Il est attendu des intervenants sociaux qu'ils fournissent des éléments de connaissance et de compréhension des populations et des phénomènes sociaux. Les méthodes qualitatives de l'observation sociale consistent à mettre en forme de la façon la plus rigoureuse possible ces connaissances, à élaborer des synthèses, à proposer des interprétations des observations, de façon à favoriser la compréhension des faits observés. Nous consacrerons les prochains chapitres à préciser ces méthodes, tant sur le plan théorique que pratique.

5

Des observations aux concepts

> *Traduire des observations de terrain en concepts et réflexions*
>
> Observer, ce n'est pas seulement voir.
> Observer, c'est chercher à comprendre.
> Observer, c'est analyser et organiser.
>
> **• Deux sortes d'observations de terrain :**
> – celles recueillies au cours des entretiens et formalisées dans un dispositif préexistant ;
> – celles recueillies hors du cadre habituel : ce sont toutes les informations éparses, objectives et subjectives dites « informelles » communiquées spontanément aux intervenants sociaux.
>
> **• Dans tous les cas, il est nécessaire de :**
> – construire et formaliser les données sociales de terrain ;
> – identifier, nommer, classer et si possible compter ;
> – sélectionner les données à exploiter à partir d'indicateurs quantitatifs ou non, d'hypothèses issues d'un ensemble d'informations, d'enjeux conjoncturels.

Que faire des données recueillies ? On a quelques centaines de fiches d'entretiens, d'autres fiches où l'on a consigné des observations recueillies lors de ses déplacements… Pour pouvoir être communiquées, ces données doivent être mises en forme, traitées afin de devenir des informations utilisables et ayant du sens. On ne sert pas à des invités ou aux clients d'un restaurant les légumes, bœufs et poulets tels qu'ils sont produits par le maraîcher et l'éleveur. Il faut les rendre consommables. Cela ne signifie pas seulement leur donner belle apparence – les beaux plats peuvent être immangeables ! – mais enlever leur caractère brut en les triant, en supprimant des parties, en composant des ensembles… De même, les données de l'observation sociale ne peuvent être servies telles quelles : elles doivent être mises en forme pour apporter des connaissances et être des outils pour l'action.

Cette mise en forme résulte pour une part de l'observation elle-même. Mais elle consiste aussi en un ensemble d'opérations particulières : nommer, trier, classer, compter.

OBSERVER

Quand nous parlons d'observation, nous désignons à la fois un résultat et l'action (observer) qui produit ce résultat. C'est à ce deuxième sens que nous nous intéressons dans les lignes qui suivent. Observer est un processus qui permet de passer des perceptions, des constats aux concepts et ainsi de leur donner sens.

Observer, ce n'est pas voir

Dans le langage courant, nous ne faisons pas toujours la différence : voir ? Observer ? C'est toujours regarder !

Ici, nous entendons par observer une activité volontaire, consciente. Alors que voir est passif, observer est actif. Le mouvement est inverse : dans la vision, les choses se présentent au regard ; dans l'observation, le sujet cherche, scrute, prête attention.

Voir est englobant : je perçois un ensemble qui s'offre à moi, qui correspond à l'étendue et à la profondeur de mon champ de perception. Observer suppose un découpage dans le champ des perceptions : là où se concentre l'attention, où se focalise l'intérêt. Par l'observation, j'opère un choix, un tri : je choisis de développer l'acuité de mon regard, de faire preuve de perspicacité sur une partie de l'ensemble.

Je peux voir sans me poser de questions, et formuler ce que je vois par des notions apprises et devenues habituelles : des gens qui viennent à une permanence, des hommes et des femmes qui discutent dans un couloir… L'observation va plus loin. Observer c'est simultanément s'interroger sur ce qu'on observe : qu'est-ce ? Qui sont exactement ces gens ? Que font-ils ? Que disent-ils ? Pourquoi sont-ils là ? Pourquoi sont-ils si nombreux ?

Avec l'observation, on cherche à dénommer ce que l'on voit de la façon la plus précise possible, à le caractériser. Ainsi l'observation implique une attitude particulière : la recherche de sens.

Observer, c'est comprendre

Dans l'observation, on cherche à trouver une logique à ce que l'on voit. L'observation cherche à comprendre : par exemple, lorsque des personnes viennent solliciter une aide financière, on s'interroge sur les causes et les conséquences de leurs difficultés. Pour comprendre, il faut rassembler divers éléments de la situation susceptibles de l'éclairer, de lui donner un (ou plusieurs) sens.

La démarche est ainsi la suivante :

- analyser les caractéristiques des personnes concernées (personnes seules avec enfants à charge, qui ont un travail intermittent, des couples endettés par le chômage ou la maladie) ;
- mettre ces données en relation avec d'autres : surendettement des ménages, modification de la structure familiale, nouvelle précarité, nouveaux comportements (usage courant du découvert bancaire, recours aux crédits permanents) ;
- interpréter ces relations. Par exemple, on déduit que certaines difficultés financières observées et analysées ne sont pas seulement dues à une mauvaise gestion de budget, mais reflètent des évolutions sociales profondes dans l'emploi, la consommation, et réclament des réponses qui, pour une part, dépassent le cadre du rapport effectué.

Certains éléments peuvent paraître évidents, c'est-à-dire visibles par chacun : l'absence de travail régulier, le nombre d'enfants à charge, etc. D'autres dépendent de mes connaissances, de mes points de comparaison, des moyens que je me donne pour m'informer.

De cette façon, il me sera possible de donner du sens à ce que je vois : en fonction de mes références (locales, nationales, à l'actualité ou au passé), je serai capable de percevoir des différences et d'en rendre compte : je trouverai que ces difficultés concernent de nouvelles catégories de population, que les comportements qu'elles occasionnent se distinguent de ceux qui étaient les plus courants il y a dix ans… Ainsi la compréhension est-elle nécessairement relative : elle dépend du nombre d'éléments que je suis en mesure de saisir ensemble pour en dégager une logique, et de la diversité de mes références.

Observer, c'est analyser et organiser

Par l'observation, nous organisons ce que nous voyons. En effet l'observation, parce qu'elle porte attention, s'effectue à partir d'une batterie de questions plus ou moins consciente qui la structure. En observant, je fais deux choses à la fois :

- j'analyse, je dissèque le fait ou la situation ;
- je les construis pour les dénommer, les caractériser, leur donner sens.

Comme le rappelle Alberto Lopez, directeur de la Mission régionale d'information sur l'exclusion (Rhône-Alpes), « on a souvent tendance à assimiler l'observation à un simple enregistrement de données concernant un phénomène ou un thème particulier. » (Lopez, 1993). Mais « il n'existe pas de fait brut. En réalité, l'observation est avant tout la réponse à des questions posées par un acteur donné dans des conditions bien déterminées » (*id.*).

Nous pouvons énoncer les principales questions qui permettent d'analyser et d'organiser un ensemble d'observations. Établie par le politologue américain Harold Lasswell à la fin des années quarante pour permettre d'analyser et de mieux contrôler un processus de communication, cette grille de questions a été par la suite modernisée et adaptée à d'autres situations que la situation de communication.

FICHE MÉTHODE 6

Analyser et organiser ses observations

Qui ? Qui est concerné ? Combien de personnes ? De quel statut ? Quel sexe ?...

Quoi ? Que font précisément ces personnes ? Quelle est la demande ? Quel est le problème exact ? Comment se caractérise-t-il ?...

Où ? Dans quelle ville ? quel quartier ? Dans quel service de l'entreprise ?...

Quand ? À quel moment de l'année, de la semaine, de la journée ? Depuis combien de temps ? Avec quelle fréquence ? Dans quel contexte ?...

Comment ? Comment s'expriment les demandes ? Quels comportements ont les personnes ? Quels termes emploient-elles ? Comment est appliquée une mesure ? Comment est-elle ressentie par les intéressés ?...

Pourquoi ? Quels sont les motifs, les raisons des actions, des problèmes ?

Pour quoi ? Quels sont les enjeux ? Dans quels buts, avec quelles fins les personnes agissent-elles ainsi ? Quelle est la stratégie de ce groupe ? Quelle est la finalité de la décision prise ?

Avec quels résultats ? Quels sont les effets d'une mesure, d'une décision, d'un problème : effets pour les personnes directement concernées (financiers, psychologiques...) ; effets pour le groupe, le service, les gens dans le même cas (relations, efficacité...) ; effets pour la ville, le secteur, l'entreprise (image, rentabilité...) ; effets aussi pour les intervenants sociaux (réorganisation du travail ; acquisition de nouvelles compétences...).

Une telle grille nous permet par exemple d'organiser notre observation d'un groupe de gens bavardant autour de la machine à café dans une entreprise ou une administration. Nous distinguons ainsi qui sont les participants : hommes ou femmes ; leur fonction ; leurs comportements : amicaux, indifférents, tendus voire agressifs ; s'ils parlent de leur travail, de leur famille, de leurs soucis ; si la pause est brève ou se prolonge ; si la décision récente qu'elle ne doit ni dépasser dix minutes ni être simultanée est respectée ou discutée. De même, lorsqu'un intervenant social se rend dans un quartier, dans un logement, va voir quelqu'un sur son lieu de travail, l'observation qu'il effectue est structurée par la grille de questions que nous avons énoncée. Bien sûr, dans le travail quotidien, elle est en grande partie inconsciente. Mais l'observation sociale consiste précisément à rendre consciente cette structuration de l'observation, à la maîtriser pour recueillir ainsi le maximum d'informations et leur donner le maximum de sens.

UN PROCESSUS DE CONSTRUCTION ET DE FORMALISATION DU RÉEL

Les observations et informations apportées par les différentes méthodes de l'observation sociale peuvent être classées en deux catégories. Les unes, surtout fournies par les entretiens, nous sont familières, nous savons les dénommer : ce sont les caractéristiques des personnes (âge, sexe, statut...), leurs demandes. Les autres observations restent en partie à l'état de sensations ou de perceptions : on n'y prête pas vraiment attention, on les qualifie peu, on ne cherche pas à les dénommer, à les caractériser, ou on ne sait pas comment le faire.

L'observation sociale travaille sur les deux et trouve dans les deux un matériau de choix. Mais le traitement n'est pas exactement le même. Dans le premier cas, on sait de quoi on parle et comment classer les observations : la fiche récapitulative d'entretien, le logiciel qui lui donne une forme informatisée fournissent le mode d'emploi. Ces données sont en fait déjà formalisées : elles ont des noms, entrent dans des catégories, sont prêtes à être analysées, à apporter des connaissances claires, objectives : nombre d'hommes et de femmes, caractéristiques sociales des personnes qui sont en difficulté de logement...

Les autres données sont plus confuses parce qu'elles ne sont pas formalisées. Telles quelles, elles ne peuvent ni apporter une connaissance transmissible, ni servir à agir. Elles ne sont pas pour autant sans intérêt. L'observation sociale permet de rendre ces connaissances utilisables pour l'action : en leur donnant une forme, en les triant, en les nommant, en les construisant ensemble. C'est ce processus que nous allons expliciter maintenant.

Donner une forme

Le processus de formalisation est celui que l'on opère quotidiennement quand on dénomme et caractérise une sensation ou une perception. Au lieu de se contenter de dire « Aïe ! » et de retirer brusquement sa main, on formule une proposition : « C'est chaud, je me suis brûlé la main, j'ai une brûlure ». Ou bien, à partir de perceptions colorées : « Je vois un tissu bleu, blanc et rouge ; c'est un drapeau ; il claque au vent ». La proposition opère une traduction : elle passe de la sensation ou de la perception à une catégorie de pensée, une notion ou un concept. Elle fait aussi très souvent une synthèse de plusieurs sens (vue, toucher, ouïe).

Ainsi ce qui est parfois appelé « le ressenti », notamment par les assistants sociaux, acquiert un degré supérieur de formalisation : il quitte le domaine des impressions, qui reste subjectif, pour accéder à celui des choses objectivables, de la pensée, de la conceptualisation.

Comment s'effectue cette formalisation ? Le schéma ci-dessous en donne le processus général : formaliser, c'est passer de la perception au concept, et ainsi commencer à donner du sens aux observations. Pratiquement, pour rendre les observations utilisables, il faut les trier, les nommer, les classer et quand cela est possible, les compter.

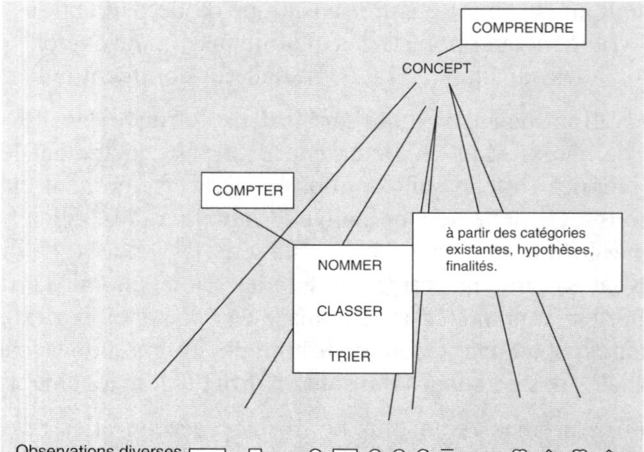

Figure 3
Des observations au concept

Un processus de formalisation des observations

Qu'est-ce qui permet de nommer, classer des perceptions, des observations ? En pratique, dans l'observation sociale comme dans la vie, nous nous servons d'abord des catégories existantes : c'est la comparaison avec des caractéristiques connues qui permet d'opérer un tri et de dénommer les choses. Mais nous choisissons aussi certains termes ou certains classements en fonction d'hypothèses que nous formulons, d'enjeux que nous y attachons. Créer des catégories et dénommer des faits est un atout professionnel et social important. Dans la mesure où l'observation sociale ne sert pas seulement à enregistrer des données mais à produire des connaissances sur des faits sociaux et à proposer des moyens d'action sur ceux-ci, il n'est pas indifférent de savoir comment et pourquoi on choisit une dénomination plutôt qu'une autre. Car c'est exercer une forme de pouvoir : nommer, c'est donner à voir aux autres une réalité différente ou nouvelle.

Identifier et nommer...

Grain de sable après grain de sable, les informations de l'observation sociale s'accumulent. Certaines font signe, brillent d'un éclat familier : ce sont de manière générale les caractéristiques sociales des personnes reçues, leurs demandes ; on sait les nommer, les classer. D'autres, les plus nombreuses, restent poussière : des demandes qui n'entrent pas dans les catégories, des comportements nouveaux mais que l'on ne sait pas dénommer... Qu'en faire ?

> Traiter les données consiste à les identifier en tant qu'indicateurs de phénomènes sociaux déjà connus ou émergents.

Nous prendrons l'exemple des phénomènes de nouvelle pauvreté. De nombreux intervenants sociaux et chercheurs ont constaté qu'avec la croissance du chômage, la multiplication des situations d'exclusion, la reconnaissance officielle du « surendettement », la pauvreté ne se manifestait plus comme lors des années de croissance, des Trente Glorieuses (1945-1975). Il y aurait donc une « nouvelle pauvreté ». Mais comment l'identifier, la distinguer ?

En repérant parmi l'ensemble des observations celles qui peuvent se rapporter à des situations de pauvreté. La liste qui suit est un exemple de ces observations variées.

Exemple d'analyse de la pauvreté : les indicateurs retenus[1]. Enquête « Conditions de vie. Situations défavorisées »

Pénibilité du travail : actif ou inactif ayant ou ayant eu un travail pénible au moins la moitié de sa vie.

Durée du travail : si 41 heures ou plus de travail hebdomadaire.

Précarité du travail : chômage ou en emploi précaire.

Faible niveau de vie : moins de 3050 F mensuels par unité de consommation.

Importance des prestations institutionnelles dans le revenu : si la part des prestations institutionnelles est supérieure à 25 % du revenu.

Handicap de ressources précarisant : indicateur synthétique sur la perception de son aisance financière par le ménage, la variabilité, l'anticipation, la nature et le montant de ses ressources.

Absence de patrimoine immobilier.

Faible patrimoine mobilier : moins de 5000 F de dépôts ou placements.

Équipement du foyer en biens durables : si le foyer n'est pas équipé d'au moins trois biens durables (téléviseur, machine à laver, téléphone, automobile, etc.).

Pauvreté extérieure de l'immeuble : perception des enquêteurs.

Inconfort ressenti du logement : pourcentage de ménages exprimant au moins deux critiques à une série de quatre questions sur l'existant de défauts du logement : humidité, bruits internes et externes, odeurs.

Distance aux équipements : pourcentage de ménages habitant à plus de cinq kilomètres d'une liste d'établissements cités, ou de deux kilomètres d'un arrêt de transport en commun pour ceux ne possédant pas de voiture.

Handicap de suivi des problèmes de santé : maladies déclarées peu ou pas suivies médicalement.

Importance de l'usure au travail : travail pendant une grande partie de la vie.

Niveau élevé de morbidité : indicateur synthétique sur le nombre et la gravité des maladies et symptômes déclarés.

Absence d'enfant vivant : la personne enquêtée vit sans enfant et n'a pas d'autre enfant vivant à l'extérieur du ménage.

Vit seul dans le logement.

Faibles relations avec autres parents : ne vit pas avec d'autres parents ou les a vus moins de trois fois dans l'année.

Faibles relations autres que familiales : indicateur synthétique sur le nombre et la fréquence des relations de voisinage et sociales.

Faible insertion culturelle : indicateur synthétique sur la maîtrise de la langue et les pratiques culturelles.

1. Cette liste a servi de base à l'enquête « Conditions de vie. Situations défavorisées » menée en 1992 sur cinq cents quartiers bénéficiant de la politique de la ville (Choffel, Le Toqueux, 1997).

À première vue, on ne perçoit pas forcément la logique de cette liste, ce qui en fait la pertinence : de quoi chacun des éléments cités est-il exactement l'indication ? Nous pouvons ainsi distinguer des indicateurs objectifs (durée du travail, absence de patrimoine immobilier) et des indicateurs subjectifs (handicap de ressources précarisant ; pauvreté extérieure de l'immeuble). La pauvreté est donc appréhendée sous ses deux dimensions : en termes objectifs, mesurables et en termes de perception, de vécu. Certains indicateurs concernent le travail, d'autres les ressources, le logement, le lieu d'habitation, la santé, les relations. Chaque indicateur renvoie donc à une dimension de la pauvreté, identifiable et nommable [1]. Le schéma ci-dessous montre comment on peut grouper les différents indicateurs pour construire le concept de la « nouvelle pauvreté ».

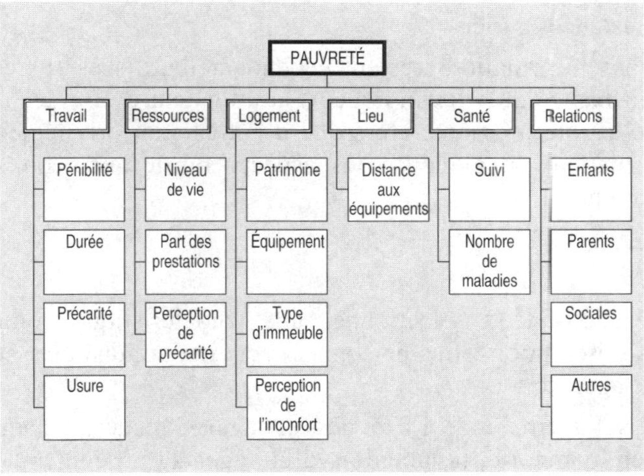

Figure 4
Exemple de construction du concept de « nouvelle pauvreté »

De manière générale, on peut trouver dans un concept plusieurs dimensions (ou aspects) ; chaque dimension se manifeste concrètement par un ou plusieurs indicateurs.

1. Le Réseau d'observation Nord-Pas-de-Calais, pour analyser les pauvretés dans la région, distingue trois grandes catégories d'indicateurs : le revenu, l'emploi, le logement. *Cf. Populations défavorisées : vers un réseau d'observation Nord-Pas-de-Calais*, n° 0, février 1992.

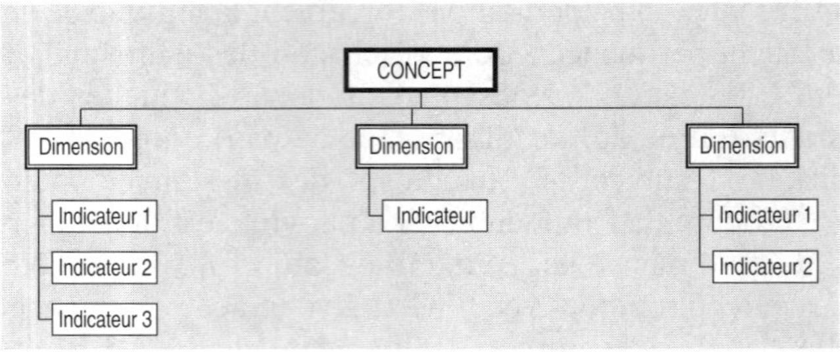

Figure 5
Construction d'un concept

Traiter les données suppose qu'on les organise en un ensemble cohérent et signifiant. Cette opération, pour avoir une certaine validité, nécessite que ces observations aient été faites de nombreuses fois, dans des circonstances variées.

Certaines informations restent cependant inutilisées (parce qu'on ne perçoit pas ce qu'elles indiquent) et attendent d'être éclairées par de nouvelles observations, alors que d'autres sont privilégiées parce qu'elles mettent en évidence les aspects sur lesquels on souhaite attirer l'attention.

Classer...

Classer consiste à sélectionner une caractéristique commune à plusieurs observations. Les personnes reçues sont ainsi classées selon leur sexe, âge, etc.

Prenons l'exemple de l'âge des personnes reçues. Chaque fiche d'entretien comporte la notation d'un âge. Le traitement le plus fréquent consiste à découper dans la continuité de la durée de la vie des « tranches d'âge » : moins de trente ans ; de trente et un à quarante ans ; de quarante et un ans à cinquante ans... Chaque découpage dépend de ce que l'on étudie : toute la population ? Celle en âge de travailler ? Les personnes âgées ? Le découpage pourra être d'autant plus fin que la population est d'un âge relativement homogène : on peut distinguer, parmi les personnes retraitées, celles qui ont de 60 à 64 ans, de 65 à 69 ans, de 70 à 75 ans…, si on veut comprendre les différents degrés et formes de dépendance.

On procède de la même manière pour classer les personnes par statut professionnel : on peut se contenter de différencier les cadres, les employés, les ouvriers, ou bien affiner le classement. Utiliser les catégories institutionnelles permet de faire des comparaisons, mais elles ne sont pas toujours adaptées à ce qu'on veut étudier. Il convient de choisir une priorité selon les objectifs poursuivis. Toute catégorie est le résultat d'une construction.

Compter...

Certaines informations sont quantifiables, d'autres non. Traiter les données implique de repérer celles pouvant relever de mesures quantitatives et de leur donner une forme sur la base de laquelle on peut effectuer des calculs. Or les données de l'observation sociale n'apparaissent pas sous une forme comptable : les personnes sont reçues l'une après l'autre, les informations qu'elles donnent sont hétérogènes, chaque cas exige une réflexion particulière... Rendre comptables certaines de ces données exige donc une opération spéciale : une démarche statistique.

La démarche statistique suppose que derrière le cas de Dominique C., jeune homme sans emploi, titulaire du BEPC, venu demander une aide pour payer son loyer, on distingue d'autres figures comparables par au moins un trait. La démarche statistique efface les caractéristiques particulières de l'individu pour ne tenir compte que de points communs : sexe, âge, situation au regard de l'emploi, durée de chômage, niveau d'études...

Rendre comptables des données suppose qu'on isole certaines caractéristiques de l'ensemble que constitue l'individu. Comment les déterminer ? Pour une large part, elles existent déjà, utilisées quotidiennement par les sondages et les statistiques démographiques ; elles forment un langage commun à notre société, même si on peut mettre en cause leur construction et leur délimitation [1]. Cependant, une partie des caractéristiques que l'on souhaite quantifier est propre au champ d'observation. Ainsi l'observation sociale va-t-elle compter les demandes, l'objet de ces demandes (logement, travail, soins, formation), les démarches effectuées par les personnes (lettres, coups de téléphone), les types de solutions apportées pour chaque problème, les cas en suspens... De manière générale, tous les indicateurs de phénomènes sociaux sont susceptibles d'une démarche de quantification.

1. Ainsi le dénombrement des immigrés pose-t-il de redoutables problèmes aux démographes (problèmes de définition, de critères, problèmes politiques).

...en fonction des catégories existantes

L'observation sociale des intervenants sociaux, parce qu'elle consiste pour l'essentiel à exploiter les données fournies par les entretiens professionnels, dispose d'un cadre de traitement opératoire. Nommer, classer, compter sont des opérations rendues simples par l'existence de grilles communes, élaborées et discutées au préalable.

Cependant, il n'en est pas de même pour les observations de terrain et pour l'étude de thèmes. Dans ce cas, le traitement qu'on fera des données, la recherche d'informations complémentaires, dépendront des hypothèses que l'on a sur le sujet, sur les enjeux de mieux connaître et de traiter différemment le phénomène. Il convient donc de les expliciter.

...en fonction d'hypothèses

Pourquoi cherche-t-on à connaître les caractéristiques socio-démographiques des personnes reçues, celles des personnes en situation de surendettement ? Dans certains cas, parce que l'on veut s'assurer que les personnes relèvent bien d'un dispositif, ont droit à une mesure...

Mais plus largement, on fait l'hypothèse que selon l'âge, le sexe ou la situation familiale, les comportements diffèrent, et qu'en tenant compte de ces différences, on pourra contribuer à mieux traiter ces situations. Il en est de même pour les caractéristiques socioprofessionnelles : on suppose que la durée du chômage ou le type de contrat de travail influent sur les comportements, et qu'il convient donc de les connaître pour mieux adapter les conseils ou les aides. Ainsi, une enquête menée par des assistantes sociales de la RATP afin de « mieux cibler les besoins et mieux connaître les conditions de vie » d'agents en situation monoparentale, s'est fondée sur les trois hypothèses suivantes : « À l'exploitation, les contraintes professionnelles des emplois à horaires et repos décalés (services de jour ou nuit ou jour/nuit) sont susceptibles de :

- générer des difficultés d'organisation de la vie personnelle plus importantes ;
- modifier l'image protectrice qu'ils attendaient de l'entreprise ;
- influer sur l'équilibre individuel de certains agents et jouer sur leur disponibilité au travail. » [1]

1. RATP, Service social, Unité prestations sociales, Département protection, prestations et prévention sociales, *La difficulté d'organisation de la vie quotidienne chez les familles monoparentales exerçant comme personnel « station » au département MTR*, 1993/1994.

…en fonction d'enjeux

D'autres hypothèses portent sur la démarche : démarche d'intervention, de traitement du problème étudié et démarche de connaissance. Elles font apparaître des différences d'enjeux. Ainsi, dans les entreprises, que faire des travailleurs devenus « inaptes » à leur poste de travail mais qui peuvent être reclassés ?

> ***L'« inaptitude » au travail : un concept fondé sur un* a priori *négatif.***
> ***Service social de La Poste***
>
> À partir des observations recueillies dans les entretiens professionnels et les dossiers de reclassement, un groupe de travail d'assistants sociaux de La Poste sur l' « inaptitude » a mis en évidence que cette dénomination repose sur un *a priori* négatif. Parler d'inaptitude, c'est faire l'hypothèse que le travailleur n'existe au fond que par ses incapacités, ses manques, se définit parce qu'il n'a pas et non parce qu'il a. Un rapport d'observation sociale d'assistants sociaux de La Poste note ainsi en 1995 : « La démarche qui vise à cerner de manière précise et détaillée les aptitudes mobilisables de l'agent à reclasser et à les mettre en relation avec un poste de travail, n'est certes pas encore adoptée par tous. Trop souvent, les services se limitaient – et se limitent encore – à la description des incapacités et ce, d'une manière souvent très imprécise d'ailleurs. Il n'était pas rare de passer directement de la description des incapacités à la recherche de poste de reclassement en occultant – ou au mieux en traitant rapidement – l'analyse des aptitudes. Cette pratique avait des effets très négatifs que les assistants de service social ont largement décrits […]. »
>
> Le groupe de travail des assistants sociaux a ainsi formulé l'hypothèse qu'un autre traitement du problème était possible, fondé sur la prise en compte des aptitudes.

FICHE MÉTHODE 7

Les enjeux des définitions

Combien de familles monoparentales ? Tout dépend qui compte et pour quoi…

Il y a famille monoparentale et famille monoparentale…
L'INSEE appelle « famille monoparentale » tout ménage où un parent ou un grand-parent ou un adulte seul, vit ordinairement avec un ou des enfants célibataires de moins de 25 ans.
Au sens des CAF, l'enfant présent doit avoir moins de 16, 18 ou 20 ans (selon qu'il est scolarisé ou non) et être à charge. Cependant, pour certaines prestations, comme l'allocation veuvage, l'enfant peut avoir été élevé, mais ne plus être là. Pour d'autres, comme les allocations prénatales et diverses aides à la personne seule, il peut ne pas être encore né (c'est le cas des mères célibataires ayant déclaré leur grossesse).
Les enjeux ne sont pas les mêmes…

L'âge, malgré son apparence simple, est aussi une catégorie qui comporte d'importants enjeux. Ainsi la dénomination « personnes âgées », les frontières du « troisième âge » et du « quatrième âge » ont-elles des enjeux sociaux, financiers et symboliques très forts : retraites, seuils d'exonération de taxes, versement de prestations, part de la prise en charge incombant à la famille et à la société... (Lenoir, 1989 ; Mamou, 1998). Aussi le traitement de la donnée « âge » n'est-il pas anodin, malgré son apparente simplicité. C'est le cas de la plupart des catégories.

FICHE MÉTHODE 8

La pertinence des indicateurs.
Comment définir des tranches d'âge ?

« La pertinence d'un indicateur tient à son caractère synthétique et à sa capacité d'aider à la compréhension d'une situation locale, en fonction d'une problématique précise.
La question des tranches d'âge à retenir illustre la nécessité de ce choix :
– si l'on s'intéresse aux personnes âgées susceptibles d'entrer en structure d'hébergement, l'analyse développée à partir de la catégorie des personnes de plus de 60 ans semble parfaitement dépassée. Le choix de la tranche d'âge des plus de 75 ans, voire de celle des plus de 85 ans, sera plus pertinent, car on est en mesure par ailleurs de connaître l'âge moyen des entrants en structure, qui est très élevé... C'est donc le rapprochement de deux informations qui permet de sélectionner l'indicateur le plus pertinent, les points de repères qu'offrait traditionnellement la réglementation de l'aide sociale s'avérant tout à fait insuffisants ;
– à l'inverse, si l'on retient un thème différent, plus large, celui de la participation à la vie sociale, ou celui de la reconstruction du temps de vie après la cessation d'activité, l'analyse des conditions de vie après 60 ans reprend toute sa pertinence, dès lors qu'elle permet de mettre en évidence les disparités susceptibles d'exister dans un champ d'observation relativement large. »[1]

La connaissance du contexte, la prise en compte des hypothèses et des enjeux de l'observation sont décisifs pour que les indicateurs soient pertinents.

L'informel est un ovni

Parmi les observations que font les intervenants sociaux dans le cadre de leur travail, une partie est couramment désignée sous le terme

1. Observatoire national de l'action sociale décentralisée, *Vieillissement et cohésion sociale : mieux observer pour mieux décider*, Odas Éditeur, 1995, p. 82.

d'« informel ». Il désigne un ensemble d'impressions et d'ébauches de pensées, des connaissances éparses qui proviennent d'autres sources que les entretiens. C'est un capital d'informations considérable. On en souligne souvent la richesse potentielle, mais aussi la difficulté à en tirer parti. Il est pourtant possible de remédier à cet inconvénient par un travail de formalisation de ces données.

« L'informel » peut se définir de deux façons. D'une part, c'est l'ensemble des données recueillies hors du cadre prévu, professionnel ; il n'est pas le produit d'un recueil volontaire, d'un questionnement élaboré. De même, lorsqu'on parle d'« économie informelle », on entend les activités de production ou de service qui s'exercent totalement ou partiellement hors des normes instituées, légales (droit du travail, déclaration d'entreprise, paiement des taxes et impôts). Mais « informel » signifie aussi étymologiquement « qui n'a pas de forme ». Pour les activités économiques, cette caractéristique est très discutable : elles ont une forme (donnée par les liens familiaux, ethniques, des réseaux professionnels…) ; simplement, elles n'ont pas la forme officielle… Il en va différemment des observations informelles : elles sont effectivement peu structurées. Elles affleurent à la conscience plus qu'elles ne constituent un tout cohérent, nommé, caractérisé, articulé.

Il est donc possible de formaliser en partie l'informel.

Comment ? Nous en avons décrit le processus dans ce chapitre : rapprocher et comparer des informations diverses afin de leur donner sens ; analyser précisément ces informations (Qui ? Quoi ? Où ?), afin de les caractériser et de les définir ; cerner leur contexte de production, d'énonciation, les enjeux. Ainsi devient-il possible d'identifier ce qui jusque-là restait flou. Donner une identité, c'est nommer en référence à d'autres phénomènes connus, semblables ou en tentant d'élaborer une nouvelle notion, rendant compte de l'originalité des observations. Caractériser, identifier, c'est ainsi faire sortir de l'inconnu. L'informel subit le sort des ovnis : non pas de ne pas exister, mais d'être identifié ! Car un ovni identifié,… ce n'est plus un ovni.

Il ne s'agit bien sûr pas de plaquer n'importe quelle catégorie sur n'importe quelle observation ou de produire un verbiage qui masquerait et travestirait la richesse de la réalité. La formalisation dont nous parlons est un processus prudent, par étapes, qui consiste à formuler des propositions qui cernent de plus en plus près la diversité des observations pour en rendre compte de façon cohérente. Cette élaboration de notions, de catégories procède par approximations successives, par hypothèses. Comme pour constituer l'image d'une figure dans un puzzle, nous émettons diverses suggestions, effectuons divers rapprochements de pièces. De même, en géométrie, lorsqu'une figure n'est *a priori* pas identifiable à une forme simple (triangle, rectangle, cercle, etc.), nous pouvons réduire notre méconnaissance de cette « patate [1] » en proposant d'y voir approximativement un ensemble constitué de formes simples, pouvant être l'objet de mesures et de diverses interventions, même s'il reste une part non identifiée, inconnue (l'« epsilon »), une réserve de sens.

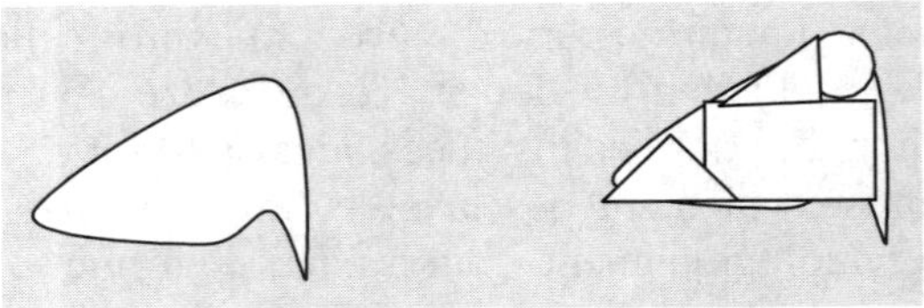

Figure 6
Identifier l'informel

Cette identification d'éléments connus est certes loin d'épuiser notre compréhension de la réalité. Un ensemble n'est jamais seulement la somme de ses parties. Mais opérée plusieurs fois sur des observations ayant des points communs, comparée à d'autres observations effectuées en d'autres lieux ou avec un autre regard, cette démarche conduit à une élaboration suffisamment riche et rigoureuse pour que sa matière soit utilisable.

Nommée, caractérisée dans ses manifestations et ses variations, cette matière peut faire l'objet d'un raisonnement : être analysée, quantifiée sous certains aspects, expliquée… Ainsi, parmi les cadres d'entreprise qui expriment furtivement leur mal-être aux assistants sociaux, on peut distinguer ceux qui sont les plus touchés, évaluer l'ampleur et la progression éventuelle du phénomène, analyser les diverses manifestations de ce malaise, chercher des facteurs d'explication dans les changements d'organisation et de rôles, de valeurs, de possibilités de carrière… Ces données formalisées peuvent aussi faire l'objet d'une action. Par exemple, pour modifier la forme d'expression d'une insatisfaction, il est imaginable d'organiser des réunions au lieu de laisser se développer des conflits larvés.

1. Patate : schéma de forme courbe, irrégulière et fermée, symbolisant un ensemble dans l'apprentissage des mathématiques des ensembles (*Le Petit Robert*).

« Pour moi, c'est là qu'est la plus-value ».
Service social de la RATP[1]

« Souvent, on a beaucoup de contacts avec la hiérarchie, comme ça dans un couloir. On passe dans un centre de Bus et on croise le responsable des ressources humaines et on va discuter comme ça très rapidement : "Je voudrais bien vous voir..." En fait, il parle tout de suite. Il y a là de l'information, de l'activité... On échange de l'information. Il peut être intéressant de l'exploiter... Il s'agit d'abord de savoir qui sont les partenaires rencontrés de cette façon, ensuite faire une saisie libre, puis en tirer les informations que l'on va retransmettre ; pas les informations sur les agents absents, en retard, mais sur l'état d'esprit en ce moment dans l'atelier, les discussions sur la réduction du temps de travail... C'est une force que l'on a parce que l'on est très présent sur le terrain, on a la sensibilité à ces questions et on n'a pas les enjeux de l'encadrement. Pour moi, c'est là qu'est la plus-value. C'est un chantier énorme parce qu'il n'est pas du tout exploité. »

Ainsi, l'observation sociale ne consiste pas seulement à enregistrer des personnes et des caractéristiques dans des tableaux de chiffres. Elle est aussi une construction organisée d'observations éparses. Si elle suppose l'acquisition d'un regard particulier, capable de passer des individus aux faits sociaux, elle exige aussi l'apprentissage d'une tournure d'esprit particulière, capable de passer d'impressions et d'interprétations plus ou moins subjectives à une élaboration formalisée, construite de celles-ci.

1. Maryse Vernochet, assistante sociale chef, conseillère du travail, RATP, 18 février 1999.

6

Constater et analyser

Constater — Analyser les faits observés

• Constater : mettre à plat sans interpréter :

– un ensemble de données. Ex : plus de femmes que d'hommes dans la population cliente ;

– des tendances. Ex : augmentation des personnes en rupture familiale dans les personnes reçues ;

– des disparités. Ex : entre secteurs d'une ville, différence dans le nombre de bénéficiaires de l'allocation de parent isolé ;

– des faits nouveaux. Ex : une augmentation significative de la demande sociale parmi la population de moins de 30 ans.

• Analyser : « faire parler les chiffres »

Construire des tableaux qui permettent :

– de compter, comparer, croiser les données en les rapportant à la population de référence ;

– de mettre en évidence les sur-représentations, les corrélations ;

– de construire des typologies ou des « profils ».

Que permettent de dire ces données d'observation sociale ainsi rassemblées et organisées ? Beaucoup de choses, plus en tout cas qu'on ne le pense *a priori*. Souvent, on cherche en effet d'abord à expliquer. On a l'impression que la seule chose intéressante à dire, la seule connaissance qu'on ait à apporter, c'est la réponse à la question : pourquoi ? Donc on se jette dans des interprétations… alors qu'on ne sait pas exactement de quoi on parle, qu'on n'a pas mis à plat les données du problème.

Quand un médecin veut définir le traitement approprié à un malade, il commence par effectuer un diagnostic : il constate les caractéristiques de la personne, ses antécédents, les symptômes, la soumet à des analyses, et en fonction de l'ensemble de ces données, émet un jugement et propose un traitement. On pourrait en dire autant du mécanicien automobile ou de l'électricien devant une panne.

L'attitude logique et rationnelle devant une situation complexe consiste à établir d'abord des éléments de constat, à mettre à plat toutes les données possibles, tant celles qui concernent la personne que l'objet, à les analyser soigneusement, à voir comment elles se combinent, fonctionnent ensemble, afin d'émettre sur cette base des hypothèses et des explications. C'est cette démarche que nous proposons de suivre : constat ; analyse ; interprétation.

Dans la pratique, certes, les phases ne sont pas complètement dissociées : on formule parfois des hypothèses dès les premiers constats. Ainsi, au fur et à mesure qu'on recueille des informations d'observation sociale, qu'on voit des similitudes s'esquisser, de nouvelles demandes apparaître, il est normal qu'on commence à essayer de les comprendre. C'est parce que l'esprit cherche à donner du sens à des éléments partiels que l'ensemble de l'observation pourra en avoir. Mais ce va-et-vient spontané de la pensée entre constat et interprétation ne suffit pas pour extraire toutes les informations que contiennent les milliers d'observations. Elles ont besoin d'un éclairage et d'un décorticage plus systématiques.

CONSTATER…

Quels constats peut-on faire à partir des données d'observation sociale ? Les constats dont nous parlons ne concernent pas des personnes particulières ; ils portent sur un ensemble de données. Ce sont donc des appréciations synthétiques.

Constater, c'est établir l'existence de faits. Un constat ne comporte ni jugement, ni interprétation. Du moins s'efforce-t-il d'éliminer toute appréciation *a priori*.

…un ensemble de faits

Le constat le plus général porte sur les personnes reçues : on constate que certaines catégories sont plus nombreuses que d'autres : les femmes, les personnes en rupture familiale, celles dont les ressources sont en deçà du seuil de pauvreté.

D'autres constats concernent la façon dont s'effectue le contact avec l'intervenant social : à la permanence ou en dehors de ce cadre…

D'autres encore mettent en évidence l'expression d'un mécontentement ou d'une incompréhension (sur l'augmentation des charges locatives, sur une réorganisation de l'environnement professionnel)…

…des tendances

À partir de ces premiers constats, il est intéressant d'établir des comparaisons. Ainsi on peut caractériser des tendances : augmentations d'une année sur l'autre ou d'un mois à l'autre, diminutions. Le constat de base consiste ainsi à suivre le nombre de personnes reçues : est-il à peu près stable, en croissance, en baisse, irrégulier ? De manière générale, on constate que le nombre de personnes reçues par les assistants sociaux d'entreprise est relativement stable malgré les différences de conjoncture. Il est clair que plus l'observation s'exerce dans la longue durée, plus les enseignements sont nombreux et fins.

Le rapport de synthèse de l'observation sociale des assistants sociaux de La Poste pour 1998 indique ainsi dans son introduction : « L'ancienneté (4 ans) du rapport d'observation sociale des assistants sociaux permet aujourd'hui de mener des comparaisons et de mesurer les évolutions des demandes. On constate ainsi que le pourcentage d'agents reçus reste relativement stable avec une progression notable des agents contractuels. La nature de la demande sociale présente, en revanche, quelques variations en fonction du statut du personnel et des évolutions propres à La Poste, notamment des restructurations. »[1]

…des disparités

Les comparaisons dans le temps peuvent être complétées par des comparaisons entre lieux, entre statuts sociaux, entre statuts professionnels. On met alors en évidence des différences entre quartiers, entre services d'une entreprise ou d'une administration, entre fonctionnaires et contractuels, selon les unités de recueil de données dont on dispose. On met en évidence des différences entre des personnes âgées qui vivent à la campagne et sont souvent très éloignées des équipements, et celles qui, vivant dans des agglomérations, disposent d'infrastructures plus accessibles. Ainsi des réalités qui jusque-là avaient une apparence globale, indifférenciée, acquièrent une finesse insoupçonnée et peuvent étayer une décision. Le constat de disparités est particulièrement riche

1. La Poste, Service social, *Synthèse de l'observation sociale des assistants sociaux*, 1999.

parce qu'il conduit à formuler des hypothèses explicatives : on cherche à comprendre ce qui motive ces différences.

…des faits nouveaux

L'observation sociale conduit aussi à repérer des faits nouveaux. Par faits nouveaux, nous entendons des situations, des comportements, qui n'ont pas été observés les années précédentes, des demandes, des ensembles de personnes qui n'entrent pas dans les catégories habituellement utilisées. Pour les définir, les caractériser, on éprouve le besoin de recourir à de nouvelles catégories, à de nouveaux concepts.

Ainsi le « malaise de l'encadrement de proximité » dans les entreprises, les salariés sous statut précaire dans les entreprises et les administrations, les employés victimes d'agression (dans les banques, à La Poste, dans les transports en commun) ont émergé ces dernières années comme des problèmes méritant une attention particulière. Jusqu'alors limités à quelques cas, pris en compte et traités comme cas particuliers, ils ont peu à peu pris une évidence, une consistance qui les a rendus remarquables. La répétition des cas, la similitude de caractéristiques ou de comportements, éclairées par la connaissance des transformations de l'emploi, du management, des comportements sociaux ont conduit à formuler des constats. Ainsi, à propos des cadres, un rapport écrit : « On a pu observer dans les rapports des assistants sociaux depuis ces trois dernières années une augmentation de la demande sociale des cadres. Ce personnel exprime le plus souvent des demandes d'ordre financier presque toujours consécutives à des problèmes conjugaux ou des divorces mais aussi des demandes liées à des problèmes de santé. Il est à remarquer que les difficultés concernant le travail sont le plus souvent exprimées lors des passages des assistants sociaux dans les services. […] L'insuffisance de communication, de formation, de clarté dans la définition et l'avenir de leurs activités fait partie du malaise que les cadres expriment aux assistants sociaux. »

Formulé en tant que constat, le repérage de ces faits est une contribution appréciée des directions.

ANALYSER

L'analyse des données consiste à « faire parler les chiffres ». Pour cela, nous nous appuierons sur des techniques statistiques élémentaires qui permettent de mesurer des catégories ou des évolutions et de construire des typologies.

Mesurer des catégories et des évolutions

Pour analyser les données, il est commode de les présenter en tableaux : tableaux des personnes reçues, tableaux des demandes. Ce sont des tableaux exprimés en pourcentages, avec indication des totaux par ligne et par colonne (100 %) ainsi que des nombres absolus qui servent de base à l'établissement du tableau.

Tableaux d'analyse des personnes reçues

Il est utile d'établir :

- un tableau d'évolution du nombre total de personnes reçues (dès que l'on dispose d'au moins deux ans d'observations) ;
- un tableau de répartition des nombres de personnes reçues par lieux d'observation (par ex : sites d'une entreprise, circonscriptions, etc.) ;
- un tableau de répartition des personnes reçues par catégories socio-démographiques et professionnelles (ou autres critères retenus comme pertinents au préalable).

Tableaux d'analyse des demandes

Les tableaux indispensables sont :

- tableau d'évolution du nombre total de demandes ;
- tableau de répartition des demandes par catégories de demandes (santé, finances...).

Rappel : La notion de « demande » doit être définie au préalable et les cas de demandes multiples traités de façon identique. *Cf.* chapitre 4, section 1.

Si le nombre de personnes reçues ou de demandes est suffisamment grand, on peut procéder à une analyse :

- par sexe : on remarque ainsi que, parmi les personnes reçues, les femmes en situation de rupture familiale sont plus nombreuses que les hommes dans la même situation ;
- par statut professionnel : actifs, demandeurs d'emploi, etc., selon la population concernée.

FICHE MÉTHODE 9

Tableau d'analyse des personnes reçues

Institution :

Période (annuelle, semestrielle ou trimestrielle) :

		PERSONNES REÇUES(1)						EFFECTIF GLOBAL DE LA POPULATION(2)					
CRITÈRES		Hommes		Femmes		TOTAL		Hommes		Femmes		TOTAL	
		Nb	%	Nb	%	Nb	%	Nb	%	Nb	%	Nb	%
Tranches d'âges	– 30 ans												
	30-40 ans												
	41-50 ans												
	+ 50 ans												
TOTAL			100		100		100		100		100		100
Situation de famille	Célibataire												
	Marié + UL												
	Séparé												
	Divorcé												
	Veuf												
TOTAL			100		100		100		100		100		100
Catégorie													
TOTAL			100		100		100		100		100		100

Source tableau : Sylvie Strudel, Formation La Poste.

(1) Pour que les chiffres soient fiables, il convient que la notion de « personnes reçues » ait été définie au préalable et que les principaux problèmes pouvant se présenter à ce sujet soient examinés et résolus collectivement. *Cf.* chapitre 4, section 1.

(2) Pour être analysés, ces chiffres doivent pouvoir être rapportés à l'effectif d'une population de référence : aussi convient-il de placer, en regard de ces chiffres, le nombre et le pourcentage de personnes de la population de référence : salariés d'une entreprise, habitants d'un département… en fonction de leurs caractéristiques socio-démographiques et professionnelles (ou autres critères utilisés).

Le tableau d'analyse des populations reçues doit être adapté à chaque situation locale ou d'entreprise.

Pour que ces tableaux soient les plus lisibles possibles, il convient de :

- regrouper les demandes en rubriques : travail, logement ;
- classer les constats par ordre décroissant ;
- pointer les demandes les plus nombreuses.

Pour faciliter leur lecture, certains de ces tableaux peuvent être traduits en représentations graphiques : diagrammes, « camemberts »... Lorsque le tableau présente des données concernant des unités spatiales (géographiques ou administratives), il est intéressant de les cartographier.

Pour aider à établir ces tableaux, il est utile de les accompagner d'un « mode opératoire » rappelant les définitions, les formules de calcul des pourcentages demandés, et répondant aux questions les plus fréquemment posées.

FICHE MÉTHODE 10

Comment calculer les pourcentages

– Le pourcentage de personnes reçues

$$\frac{\text{Nombre de personnes reçues}}{\text{Nombre de l'effectif total concerné}} \times 100$$

– Un pourcentage d'évolution

Exemple : évolution des personnes reçues entre 1999 et 2000 :

$$\frac{\text{Nombre des personnes reçues en 2000} - \text{Nombre des personnes reçues en 1999}}{\text{Nombre des personnes reçues en 1999}} \times 100$$

– Un pourcentage de catégorie

Exemple : hommes reçus ayant une demande liée à la santé :

$$\frac{\text{Nombre d'hommes reçus ayant une demande liée à la santé}}{\text{Nombre d'hommes reçus}} \times 100$$

Autre exemple : demandes de logement :

$$\frac{\text{Nombre de demandes de logement}}{\text{Nombre total de demandes}} \times 100$$

– Un pourcentage de représentation d'une catégorie

Exemple : part des personnes mariées :

$$\frac{\text{Nombre de personnes mariées reçues}}{\text{Nombre de personnes mariées dans la population de référence}} \times 100$$

Source tableau : Sylvie Strudel, Formation La Poste.

Mesurer la signification des chiffres

Ces tableaux permettent de mettre en évidence la structure de la population reçue par les intervenants sociaux : sexe, âge, etc. Mais cette analyse ne prend de sens que rapportée à la population de référence.

Pour cela, il faut mettre en relation deux constats :

- le pourcentage d'une catégorie dans la population reçue. Ex : 25 % de femmes ;
- le pourcentage de la même catégorie dans la population de référence. Ex : 18 % de femmes dans l'entreprise (*cf.* tableau).

La comparaison entre ces deux chiffres indique la signification du premier : les femmes sont proportionnellement plus nombreuses dans la population reçue que dans la population de l'entreprise. On dira qu'elles sont **sur-représentées.** Cette notion est essentielle pour dégager les caractéristiques d'une population concernée par une intervention sociale.

Analyse comparée de la population reçue par les assistants sociaux et d'une population globale (en %). Service social de la RATP

Ce tableau compare les agents reçus par le service social de la RATP et la totalité du personnel de cette entreprise. Il met en évidence une sur-représentation des femmes (18 % contre 25 %), ainsi que du personnel d'exécution.[1]

	Hommes	*Femmes*	*Total*	*Exécution*	*Maîtrise, cadres*	*TOTAL*
Service social	74,5	25,5	100	91,4	8,6	100
RATP	81,5	18,5	100	75,8	24,2	100

1. RATP, Service social, Unité prestations sociales, Département protection, prestations et prévention sociales, *Rapport d'activité*, 1998.

Répartition par tranches d'âge des personnes reçues par le service social du personnel (SSP) de l'Assistance publique-Hôpitaux de Paris (AP-HP)[1]

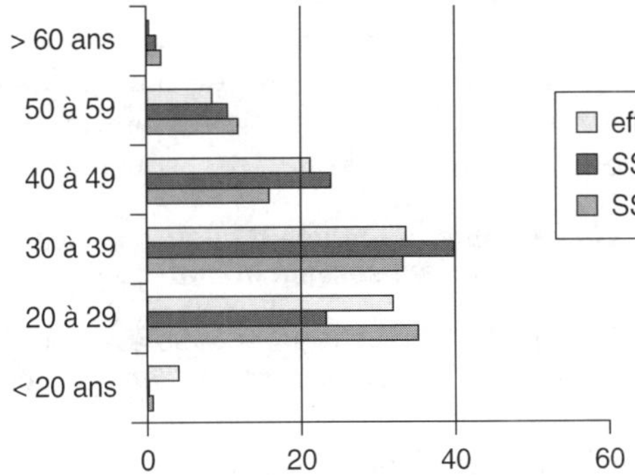

Commentaire : Par rapport aux effectifs AP-HP, peu de jeunes de moins de 20 ans reçus au service social du personnel. Jusqu'à 29 ans, proportion en dessous des effectifs globaux. Inversion de la tendance à partir de 30 ans jusqu'à 60 ans. Comparé à 1985, on remarque un certain vieillissement, une réduction nette des moins de 29 ans, une augmentation des 30-39 ans, plus marquée encore des 40-49 ans.

Ces tableaux permettent de donner **l'importance relative** des catégories de population et de domaines.

Ils fournissent les matériaux de nombreuses comparaisons. On doit cependant rappeler que pour être valables, les comparaisons par catégories doivent porter sur un nombre suffisant de cas. En outre, il est clair que parmi toutes ces possibilités offertes, on ne retiendra que celles qui éclairent l'action menée (nombres et pourcentages les plus importants) et qui permettent d'étayer les constats, de nuancer les tendances, de relativiser les oppositions.

> L'analyse n'a pas pour objet de dire le contenu des tableaux mais d'en dégager les enseignements principaux.

1. Extrait de Assistance publique-Hôpitaux de Paris, *Étude de population,* Service du développement social et des conditions de travail, Service social du personnel, novembre 1992.

Comparaisons et corrélations

Dans l'analyse, on distingue :

– **Les comparaisons dans le temps (ou diachroniques)** : ce sont celles qui mettent en évidence des évolutions. Chaque catégorie peut faire l'objet d'une étude d'évolution : stabilité du nombre total de personnes reçues, augmentation du nombre de demandes liées à la santé, diminution du nombre (absolu) et augmentation en pourcentage du nombre de jeunes reçus…

Un exemple d'analyse d'évolution des personnes reçues dans un service social. La Poste (extraits)[1]

« Si l'on compare les chiffres de l'année 1994 et 1995 avec ceux de 1996, on constate que le pourcentage des agents reçus demeure constant au niveau national. […]

1. Caractéristiques socio-professionnelles

– Répartition par statut

Si le pourcentage des agents reçus reste le même, la répartition suivant le statut professionnel subit en revanche de sensibles modifications. En effet, les agents contractuels représentent cette année 13 % de la clientèle des assistants sociaux contre 11 % en 1995 et 10 % en 1994 mais ils restent néanmoins sous-représentés par rapport au poids qu'ils représentent dans l'ensemble du personnel. […]

– Répartition par catégorie

Globalement la structure de la clientèle reçue par les assistants sociaux se différencie peu de la structure de la population postale […]. Avec l'apparition depuis ces trois dernières années d'une demande sociale émanant des cadres et plus particulièrement des chefs d'établissement qui jusqu'alors s'adressaient peu aux assistants sociaux, se confirme la tendance d'une répartition des interventions des assistants sociaux tous niveaux hiérarchiques confondus. […]

– Répartition par domaine d'activité

On constate une représentation relativement équilibrée des différents domaines d'activité mais une augmentation significative de la demande d'intervention sociale dans les établissements en cours de réorganisation. […]

2. Caractéristiques socio-démographiques

– Répartition par sexe : une sur-représentation toujours importante des femmes. […]

1. La Poste, Direction des ressources humaines, *Synthèse de l'observation sociale des assistants sociaux. Année 1996,* 1997. Les tableaux et diagrammes qui accompagnent cette analyse ne sont pas représentés ici.

– Répartition par tranche d'âge : elle est comparable à celle de la population de la Poste. [...]

– Répartition par situation familiale : une forte représentation des personnes en rupture familiale. [...] »

– **Les comparaisons entre catégories ou entre lieux (comparaisons synchroniques)** qui comparent des données pour une même unité de temps : entre catégories de personnes reçues, entre demandes, entre lieux d'observation, entre personnes effectuant des demandes de même domaine, entre une caractéristique des personnes reçues et la même caractéristique dans la population de référence, etc.

Analyse des aides financières par AGIR[1]. Exemple du Val d'Oise[2]

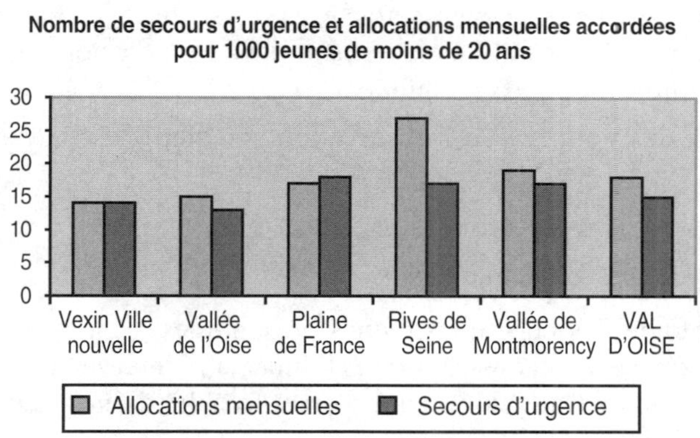

La comparaison systématique des chiffres des catégories est la base de réflexion la plus riche car elle permet de mettre en évidence les points communs et les différences dans l'ensemble des observations.

– **Les corrélations** : elles établissent des relations statistiques entre deux données (ou plus). Par exemple, on remarque que dans un pourcentage élevé de cas, les demandes d'aide pécuniaire dans une entreprise correspondent à des salariés célibataires ou en situation de rupture familiale, âgés entre 31 et 40 ans, disposant d'un salaire

1. Aire géographique d'intervention en réseau. Le Conseil général du Val d'Oise a créé cinq zones d'intervention pour mieux coordonner ses missions.
2. Conseil général du Val d'Oise, *Bilan des actions sanitaires et sociales 1997*, juin 1998, p. 29.

unique. Les corrélations fournissent un important matériau à partir duquel on peut construire des typologies et proposer des interprétations.

CONSTRUIRE DES TYPOLOGIES OU DES « PROFILS »

Construire des typologies ou des profils permet de classer les observations et de faire ressortir leurs caractéristiques principales.

Dégager les principaux types de personnes et de demandes

Une typologie est un ensemble de types. C'est en ce sens que nous l'employons ici. Mais le terme est souvent employé simplement comme synonyme de « les caractéristiques de... ». La typologie implique en plus un tri et un classement dans les caractéristiques, pour faire apparaître ce qui est « typique ».

À partir des données de l'observation sociale, il est intéressant de faire deux typologies :

– une typologie des personnes reçues ;

– une typologie des demandes.

La typologie des personnes reçues présente les principaux types de personnes qui se sont adressées dans l'année aux intervenants sociaux ; elle indique leurs traits dominants : sexe, tranche d'âge, statut professionnel, etc., les plus représentés.

La typologie des demandes s'effectue sur le même principe : elle groupe et classe les demandes en fonction des caractéristiques dominantes des demandeurs. Elle peut concerner l'ensemble des demandes, ou de façon plus fine, une catégorie de celles-ci, comme le montre l'exemple ci-dessous.

Typologie des agents concernés par une demande d'aide financière. La Poste

« Les questions ayant trait aux difficultés financières continuent de représenter 30 % de l'ensemble des demandes adressées aux assistants sociaux, agents fonctionnaires et contractuels confondus.

Elles se répartissent en :

– demandes d'interventions pour obtenir des aides financières, une aide dans la gestion du budget et trouver des compromis avec certains organismes [...] ;

> – demandes de renseignements [...].
>
> La typologie des agents concernés est sensiblement identique à celle des années précédentes :
>
> – prédominance de la classe I[1] ;
>
> – sur-représentation des agents contractuels par rapport au poids qu'ils représentent dans l'effectif de la Poste ;
>
> – sur-représentation des agents contractuels en rupture familiale ;
>
> – la majorité des demandeurs ne dispose que d'un seul salaire. »[2]

En pratique, l'intérêt de faire des typologies est double :

– une typologie permet de grouper des personnes ayant une ou plusieurs caractéristiques communes ; donc elle réduit la diversité, elle la rend lisible ;
– elle fait ressortir les traits saillants[3].

Élaborer des profils

Cependant, toute typologie présente l'inconvénient de radicaliser les observations, de figer les comportements sociaux ; elle ne permet pas de rendre compte des mutations et des nuances.

Aussi préfère-t-on parfois recourir à une forme plus souple : les profils. Le profil emprunte à la typologie la démarche de classement en fonction de caractéristiques saillantes, mais il cherche davantage à rendre compte d'évolutions en cours qu'à établir des catégories solides et durables. Le profil permet les nuances et les adaptations : c'est un bon outil pour organiser des disparités et exprimer des tendances.

Il est ainsi possible de définir les principaux profils de personnes reçues : cette indication qui restitue une dimension concrète aux données quantitatives est très « parlante ». De même, à partir des grandes catégories de demandes, ou de situations étudiées, il est utile de synthétiser les caractéristiques les plus remarquables des personnes concernées (ou des situations).

Le rapport des assistants sociaux de la Poste d'Île-de-France (1995) définit ainsi le profil du salarié inapte, motivant un reclassement

1. Catégorie du personnel la plus basse dans l'échelle.
2. La Poste, Direction des ressources humaines et de la prévention, Service social, *Rapport d'observation sociale 1998*, juin 1999.
3. Max Weber a bien mis en évidence la méthode de construction des types. *Cf.* Max Weber, *Essais sur la théorie de la science*, Paris, Plon, 1965, p. 181.

professionnel : « une femme, âgée de 35-40 ans, factrice présentant des inaptitudes liées à des problèmes d'ordre moteur ou fonctionnel ». Parce que le profil épure les détails et s'apparente à la caricature dans sa démarche, il peut prêter à sourire. Mais, plus profondément, ce profil donne du sens aux observations. Il rassemble une diversité de cas tout en mettant l'accent sur des éléments susceptibles de favoriser les inaptitudes (tel que le port de lourds sacs de courrier à l'épaule) ; il situe le fait dans une histoire, une durée et suggère ainsi qu'une prévention serait possible, pour éviter que dans cinq ans, les factrices qui ont aujourd'hui trente ans et portent le sac de courrier depuis déjà plusieurs années, se trouvent à leur tour « inaptes »...

> ***Le salarié en congé sans solde. Service social de la RATP***
>
> *Une équipe d'assistants sociaux de la RATP a étudié les agents de son secteur qui reviennent à l'entreprise après avoir pris un congé sans solde (congé sabbatique, congé pour créer une entreprise ou congé pour convenances personnelles). Elle en a dégagé les éléments suivants :*
>
> « Ainsi, l'agent demandeur d'un congé sans solde est un homme de 30 à 40 ans, vivant en couple avec enfant(s). Il est locataire. Son temps de transport jusqu'à son lieu de travail avoisine une demi-heure. Son conjoint travaille. D'un niveau CAP, il a une expérience professionnelle antérieure à son entrée à la RATP. Il a entre 10 et 15 ans d'ancienneté au moment de la demande de congé et avait le souhait de changer d'emploi au sein de la RATP sans avoir pu le réaliser. Son projet de congé sans solde est précisément lié à un changement professionnel même si d'autres motivations d'ordre financier et de retour en province s'y ajoutent. Il s'est peu renseigné avant la réalisation de son projet, excepté auprès de son Responsable Ressources humaines. Il réintègre l'entreprise pour des raisons principalement relatives à la sécurité de l'emploi et aux contingences matérielles. De fait, au retour, les problèmes financiers sont majoritaires. Son degré de satisfaction est élevé quoique le projet n'ait pas été réalisé dans sa totalité. Il ne souhaite pas renouveler l'expérience. »[1]

Constater et analyser sont des préalables indispensables à l'interprétation des données. C'est sur ces constats, sur la mesure des principales observations, sur le repérage des évolutions, sur l'analyse comparée des caractéristiques des personnes reçues, sur l'établissement de corrélations et la mise en évidence de profils que se fonde toute la force de

---

1. RATP, Service social, Unité action sociale et prévention, Département protection, prestations et préventions sociales, *Les agents des départements BUS et MRB en congé sans solde*, 1995.

l'observation sociale. Constat et analyse sont les fondements de toute interprétation.

FICHE MÉTHODE 11

Analyse de l'observation sociale des intervenants sociaux

1. Recueil des données chiffrées

Procéder dans un premier temps à un recueil de ces données à partir des grilles existantes (*cf.* exemple ci-dessus chapitre 6 section 2).

1.1. Caractéristiques générales de la clientèle des assistants sociaux

Indiquer :

– le nombre de personnes reçues par les intervenants sociaux ;

– le pourcentage des personnes reçues par rapport à l'effectif global de la population de référence.

Apprécier l'évolution des données par rapport aux années précédentes. Indiquer les principales raisons qui paraissent être à l'origine des changements ou au contraire de la stabilité des données.

Comparer, s'il y a lieu, avec les données recueillies sur d'autres lieux comparables (sites d'une entreprise, services, quartiers, etc.).

1.2. Caractéristiques socioprofessionnelles

Distinguer si possible les catégories (salarié, demandeur d'emploi, retraité, etc.), les statuts (type de contrat du salarié), les domaines d'activité.

1.2.1. Répartition par catégorie

	Population reçue par les intervenants sociaux				*Population de référence*			
	En 2000		En 1999		En 2000		En 1999	
Catégorie	Nombre	%	Nombre	%	Nombre	%	Nombre	%
TOTAL		100		100		100		100

1.2.2. Répartition par domaine d'activité

	Population reçue par les intervenants sociaux				*Population de référence*			
	En 2000		En 1999		En 2000		En 1999	
Domaine d'activité	Nombre	%	Nombre	%	Nombre	%	Nombre	%
TOTAL		100		100		100		100

1.3. Caractéristiques socio-démographiques
1.3.1. Répartition par sexe

	Population reçue par les intervenants sociaux		*Population de référence*	
Sexe	Nombre	Pourcentage	Nombre	Pourcentage
Hommes				
Femmes				
TOTAL		100		100

Faire une analyse comparative (avec les autres années, d'autres lieux d'observation).

1.3.2. Répartition des tranches d'âge
Répartir la population en tranches d'âge adaptées. Faire un tableau sur le modèle des tableaux ci-dessus. Éventuellement, compléter par un graphique.

Faire les mêmes comparaisons que précédemment.

1.3.3. Répartition par situation familiale

	Population reçue par les intervenants sociaux		*Population de référence*	
Situation familiale	Nombre	Pourcentage	Nombre	Pourcentage
Célibataire				
Marié				
Séparé				
Divorcé				
Veuf				
TOTAL		100		100

Dégager les grandes catégories, comparer avec les autres années, les autres sites d'observation. Ex. : En 2000, comme en 1999, les personnes en rupture familiale représentent un quart des personnes reçues par les intervenants sociaux.

1.4. Répartition des demandes
Établir un tableau indiquant les principales demandes sociales (groupées par domaines définis au préalable). Si possible, les présenter sous forme de graphique.

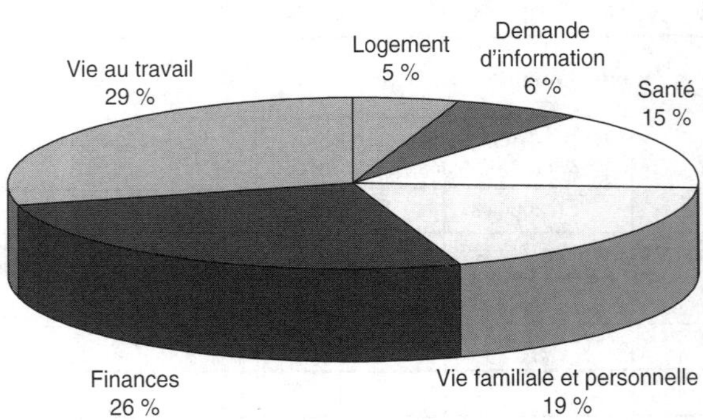

– Comparer les pourcentages de demandes avec les années précédentes, d'autres sites d'observation. Noter les évolutions, proposer des explications.

– Pointer les demandes les plus nombreuses.

Si le nombre est suffisant, répartir les demandes par sexe, âge, statut, et faire apparaître les tendances.

S'il n'est pas possible d'analyser finement l'ensemble des domaines, sélectionner le ou les domaines les plus significatifs, puis classer et analyser les demandes en fonction :

- du profil du demandeur (âge, sexe, situation familiale) ;
- du type de fonction exercée ;
- du lieu de travail ;
- de l'interdépendance des demandes (divorce et endettement, difficulté de reclassement et déficit de management) ;
- du contexte.

– Faire une analyse des diverses interventions et des moyens mis en œuvre qui ont permis de trouver des réponses aux problèmes posés.

– Faire apparaître les difficultés et les diverses raisons qui font obstacle à la résolution d'un problème.

– Faire des propositions pour contribuer à la résolution des problèmes.

2. Principaux thèmes traites

Les thèmes traités sont établis en début d'année en fonction des principales demandes enregistrées l'année précédente, des observations que l'on souhaite approfondir et des indications données par les employeurs.

2.1. La méthode d'analyse

Elle est la même que celle utilisée dans l'analyse des demandes.

– Faire d'abord un constat à partir des données chiffrées, des observations ou informations récurrentes notées lors des passages dans les quartiers, les services.

– Analyser ces données : noter les disparités, les évolutions, les constantes.

– Émettre des hypothèses qui apportent un éclairage sur le nombre, l'évolution des observations, les catégories sociales concernées. Pour cela, mettre en relation les observations avec les caractéristiques des personnes (situation familiale, difficultés psychologiques…) ; des difficultés financières difficilement surmontables dans un court terme ; des problèmes de santé ; des réorganisations de service dans l'entreprise ; de nouveaux dispositifs d'aide à l'emploi.

– Mettre en évidence les raisons qui au contraire ont facilité la résolution des problèmes rencontrés par les personnes reçues.

2.2. Les thèmes déjà traités

Rappeler suivant les cas que ces thèmes ont déjà fait l'objet d'une analyse les années précédentes, reprendre s'il y a lieu l'analyse en la résumant et apporter les informations complémentaires.

Préciser si le phénomène analysé est commun à l'ensemble de l'entité ou au contraire s'il se distingue des autres secteurs.

7

Interpréter ses observations

L'interprétation des observations de terrain

• Les interprétations à base statistique

Elles permettent de mesurer, comparer, dégager des tendances.

• Les interprétations compréhensives

Elles donnent du sens au simple constat, prennent en compte les différents points de vue (ceux des décideurs, des usagers, du personnel), analysent les données sous différents aspects (sociaux, économiques, politiques).

• Les interprétations stratégiques

Elles permettent de mieux comprendre les disparités de comportements entre des individus ou des groupes de même situation sociale, confrontés aux mêmes problèmes.

• Interpréter, c'est :

– tester le degré de validité des hypothèses de départ ;

– questionner, approfondir les évidences ;

– savoir mettre en question ses propres *a priori* :

⇨ en les mettant à l'épreuve des chiffres, des corrélations, des disparités ;

⇨ en confrontant les comportements observés ;

⇨ en prenant en compte les différents modes de pensées, les significations données aux faits.

La phase d'interprétation des observations est la plus importante et la plus intéressante. C'est aussi la plus délicate, malgré les apparences ! Interpréter, ce n'est pas en effet « dire ce que l'on pense de ses observations » et aligner quelques commentaires personnels à la suite de tableaux de chiffres.

L'interprétation des observations a, comme leur recueil et leur analyse, une finalité : elle aide à prendre des décisions, à agir. Pour remplir ce rôle, elle doit donc répondre à certaines caractéristiques : ce sera l'objet de notre premier point.

L'interprétation prolonge l'analyse. Interpréter consiste à dégager des éléments d'explication des constats, à mieux comprendre les comportements et leurs caractéristiques. En nous appuyant sur les principaux modes d'interprétation développés par la sociologie, nous montrerons comment on peut les adapter pour rendre compte des observations menées dans le cadre professionnel des intervenants sociaux.

FONDER SES INTERPRÉTATIONS

Insistons tout de suite sur un point : toute interprétation doit être fondée. Cela signifie qu'il existe un lien étroit entre les constats qu'on a établis, l'analyse qu'on en a menée et les interprétations qu'on développe.

Pourquoi ? Parce que l'interprétation doit pouvoir être acceptée par des interlocuteurs. Il est donc indispensable que l'interprétation soit fiable. Quel que soit le mode d'interprétation utilisé, il convient d'abord que les bases ne puissent pas être mises en doute. Pour cela, il est nécessaire

- que les chiffres soient exacts autant qu'il est objectivement possible ;
- que les termes soient définis (concepts et catégories utilisés) ;
- que les présupposés initiaux soient établis ;
- que des preuves soient apportées à l'appui de chaque interprétation.

Nous verrons dans le chapitre suivant (« Communiquer ses observations ») les façons dont cette exigence se traduit dans la rédaction d'un rapport.

Interpréter, c'est donner du sens aux observations

Interpréter, étymologiquement, signifie rendre compréhensible, traduire, donc donner du sens. Alors que l'analyse reste à un niveau de description, l'interprétation accède à l'explication et à la compréhension. Avec l'analyse, nous avons surtout exploré les réponses à deux questions : Qui ? Quoi ? Quelles personnes précisément ont les comportements observés (qui sont-elles en termes d'âge, de sexe, de statut familial ?) ? Et d'autre part : quels sont les faits, les comportements observés ? Quelles caractéristiques ont-ils (nombre, lieu, contexte) ? L'interprétation, en prenant appui sur les réponses à ces questions, s'intéresse davantage à une autre question : pourquoi ? Pourquoi certaines personnes et pas d'autres ? Pourquoi ici et pas ailleurs ? Pourquoi ces comportements prennent-ils cette forme, cette ampleur ?

L'interprétation cherche à la fois à expliquer et à comprendre les faits sociaux (*cf.* chapitre 1).

Expliquer

L'interprétation cherche d'abord à expliquer. En son sens moderne courant, expliquer signifie : chercher les causes. Comme l'ont montré de nombreux scientifiques et philosophes, il est cependant extrêmement difficile, voire impossible de déterminer les causes d'un phénomène car elles sont multiples et l'on n'est jamais certain de tenir l'élément déterminant. On parle plutôt de « facteurs d'explication ». Ainsi, si on constate un nombre relativement important de personnes concernées par l'alcoolisme parmi les personnes reçues, il peut être intéressant de chercher les facteurs qui contribuent à expliquer ce fait. En analysant différents types de personnes alcooliques, on dégage les points communs qui peuvent rendre compte de leurs comportements : insatisfaction dans le travail, échecs personnels, ruptures familiales, difficultés relationnelles… Cependant, cette méthode, pour être rigoureuse, nécessite un nombre important d'observations. Aussi n'est-elle praticable par les intervenants sociaux que dans des cas précis.

L'interprétation consiste alors à mettre en évidence et classer les facteurs explicatifs d'un phénomène (ensemble de comportements, régularités ou disparités d'un fait) en fonction du nombre de cas où ils se présentent. Elle repose sur une base statistique.

Comprendre

L'interprétation cherche aussi à comprendre.

Comprendre, c'est :

– rapprocher les différents éléments de connaissance qu'on a de divers cas pour éclairer leurs caractéristiques communes et leurs différences ;

– dégager les significations des comportements : de quoi l'excès dans la consommation d'alcool est-il le signe, le symptôme pour l'observateur ? Quel message ont voulu faire passer ces personnes ? ;
– mettre en évidence les choix faits par ces personnes parmi ceux possibles. Ainsi pour les personnes en situation de surendettement, on cherche à établir les priorités de paiement qu'elle a établies, les buts visés, les stratégies.

Pour interpréter les données de l'observation sociale, nous nous appuierons sur les principaux modes d'interprétation des faits sociaux développés par la sociologie en les adaptant aux thèmes et aux méthodes de l'observation sociale.

Trois modes principaux d'interprétation des données

Ces trois modes se distinguent par l'importance accordée aux données quantitatives ou qualitatives, par le choix de l'approche, plutôt explicative ou plutôt compréhensive, et par le poids respectif accordé à l'individu et à la société dans l'interprétation.

Les interprétations à base statistique

Le premier mode d'interprétation s'appuie principalement sur les données quantitatives. Il a pour objectif d'expliquer. Il cherche à rendre compte de la régularité et des variations des faits sociaux en les rapportant aux caractéristiques sociales des individus et à l'état de la société. Certaines interprétations sont fondées sur le présupposé que les comportements sociaux des individus sont déterminés (au moins en partie) par les caractéristiques sociales.

Les interprétations compréhensives

Le deuxième mode d'interprétation s'appuie sur les données qualitatives. Il cherche à comprendre. Les façons de le faire peuvent être différentes, mais dans tous les cas, ce mode d'interprétation privilégie la recherche de sens en référant les comportements des individus à la société : à ses caractéristiques socio-démographiques, culturelles, à ses institutions, à ses représentations.

Les interprétations stratégiques

Ce mode d'interprétation met l'accent sur les choix faits par l'individu (« acteur ») dans une situation donnée, en fonction de ses atouts, mais aussi des contraintes qui pèsent sur lui (notamment sociales). Il analyse les stratégies qu'il élabore dans ce contexte, par rapport aux autres choix objectivement possibles.

Ces modes d'interprétation, bien qu'ils relèvent d'idéologies différentes et soient considérés par la plupart des sociologues comme largement incompatibles, peuvent contribuer à rendre compte des observations faites dans le cadre de l'observation sociale. L'expérience montre que chacun a son utilité, son champ d'application et bien sûr ses limites. Aussi dans la perspective de donner des cadres d'interprétation aux données d'observation sociale recueillies par les intervenants sociaux, aborderons-nous successivement chacun de ces modes d'interprétation. Nous en montrerons les méthodes, les apports conceptuels et les résultats. Nous nous appuierons à chaque fois sur l'analyse de faits sociaux réalisée par des sociologues pour montrer la richesse potentielle de l'interprétation et sur des exemples issus d'expériences d'observation sociale menées par des intervenants sociaux.

LES INTERPRÉTATIONS À BASE STATISTIQUE

Les interprétations à base statistique reposent sur des données quantifiées donc mesurables et sous certaines conditions comparables. Elles permettent d'analyser l'effet de certaines caractéristiques sociales ou professionnelles (âge, sexe) et ainsi d'esquisser des explications prenant en compte une diversité de facteurs. Il est cependant difficile à partir de ces seules données de donner du sens à un fait social.

Utilisées seules, les interprétations à base statistique, nécessitent un nombre d'observations élevé. Aussi, dans de nombreux cas, les intervenants sociaux ne peuvent y recourir. Il est souhaitable que l'exploitation des données de terrain ne se limite pas à leur interprétation quantitative, mais s'articule avec une interprétation compréhensive.

Des explications liées aux caractéristiques de la société

Pour expliquer les points communs et les différences dans les comportements, il est possible de se fonder sur les caractéristiques d'une société. C'est une démarche couramment pratiquée en sciences sociales. Ainsi Durkheim explique les régularités et les variations observées dans les taux de suicide en les rapportant à la capacité d'intégration d'une société donnée : le suicide est lié à la faible intégration familiale ou sociale d'un individu. Par exemple, le mariage « protège » les individus du suicide, ce qui explique que les gens mariés aient une moindre propension au suicide, et tout particulièrement les femmes, en tant que responsables de la cellule familiale. De même, le suicide est lié au lieu d'habitation : l'intégration dans une communauté d'habitat (à la campagne, dans une petite ville...) « protège » les individus du suicide[1]. De même encore, la religion catholique « protège » car elle est très intégratrice : elle laisse peu de liberté de pensée et de pratique. En cela elle s'oppose à la religion protestante qui comporte de nombreux groupes différents et favorise l'esprit de libre examen et de libre entreprise.

Corrélations et explications

L'interprétation des données quantitatives peut prendre deux formes, qu'il convient de bien distinguer : la mise en évidence de corrélations et la recherche de facteurs explicatifs.

Les corrélations sont des relations statistiques. Elles lient deux données ou davantage. Elles sont de l'ordre du constat : on constate ainsi que des séries de données interviennent simultanément dans un nombre de cas, qu'elles croissent simultanément, ou que l'une croît pendant que l'autre décroît. Les facteurs explicatifs sont censés rendre compte des constats, les expliquer.

Par exemple, de très nombreuses enquêtes montrent que la fréquence du cancer des bronches est très significativement plus élevée chez les fumeurs. Peut-on en conclure pour autant que le tabac est la cause de leur cancer ? En toute rigueur, non. En effet, entre un fumeur et un non-fumeur, il y a bien d'autres différences que le fait de porter une cigarette à sa bouche : comparés aux non-fumeurs, en moyenne, les fumeurs diffèrent par des traits sociaux et psychologiques, la situation familiale, la consommation d'alcool ou de café, et même la taille ! Et bien sûr, les fumeurs ont choisi de fumer, les non-fumeurs de ne pas le faire... Alors, la cause du cancer est-elle le tabac, ou un de ces nombreux facteurs ?

1. Les études récentes ne confirment pas ce point.

FICHE MÉTHODE 12

Une corrélation n'est pas une cause

70 % des gens meurent dans un lit… Le lit est-il dangereux ?
Plaisanterie célèbre : si la plupart des gens meurent dans un lit, c'est que le lit provoque leur mort ! L'erreur est la même que pour le cancer et le tabac. Si on compare chaque jour le nombre de gens debout et couchés, les deux séries ne diffèrent pas seulement par la position verticale ou horizontale des personnes ! L'une des séries comporte plus de malades que l'autre. Ainsi un facteur peut en cacher un autre et tromper sur l'explication. Couchez-vous donc tranquillement !

La distinction entre corrélation et causalité permet d'invalider certaines interprétations hâtives. Ainsi, lorsque Durkheim constate que statistiquement, les gens instruits se suicident plus que les autres, il n'en tire aucun lien de cause à effet.

Pourquoi les gens instruits se suicident-ils plus que les autres ?

> « Si dans les milieux instruits, le penchant au suicide est aggravé, cette aggravation est due à un affaiblissement des croyances traditionnelles et à l'état d'individualisme moral qui en résulte ; car elle disparaît quand l'instruction a une autre cause et répond à d'autres besoins. […] L'homme cherche à s'instruire et il se tue parce que la société religieuse dont il fait partie a perdu de sa cohésion ; mais il ne se tue pas parce qu'il s'instruit. »
>
> Durkheim, *Le Suicide*, p. 170-171.

De même, les assistants sociaux de la RATP, dans l'étude qu'ils ont menée sur des agents qui ont réintégré l'entreprise après un congé sans solde, constatent une corrélation surprenante : plus de deux tiers des agents se disent satisfaits (ou très satisfaits) de leur congé alors que le même pourcentage estime ne pas avoir réalisé son projet ! Le rapport conclut ainsi : « Nous ne pouvons pas établir de lien de causalité entre l'indice de satisfaction et la réalisation du projet. » L'interprétation du paradoxe réside dès lors dans la compréhension de ce qui constitue la « satisfaction » : « Le fait le plus marquant est la capacité des agents à positiver leur expérience. Ainsi, ils se disent très satisfaits de leur expérience alors qu'ils rencontrent à leur retour des difficultés financières et de logement d'une part et qu'ils disent ne pas avoir totalement réussi leur projet d'autre part. Il faut donc prendre en compte les bénéfices secondaires que peuvent retirer les agents. Avoir été capables de quitter l'entreprise pour faire autre chose ou réaliser une coupure sont autant d'éléments positifs qui permettent de dépasser les difficultés mentionnées. »[1]

1. RATP, Service social, unité action sociale et prévention, département protection, prestations et préventions sociales, *Les agents des départements Bus et MRB en congé sans solde*, 1995.

Qu'est-ce qu'une évolution significative ?

Lorsqu'on constate une évolution (accroissement ou diminution d'un phénomène observé), le premier réflexe consiste en général à chercher des explications sociales ou psychologiques… Mais on pense rarement à s'interroger d'abord sur l'origine des données et leur mode de recueil. Or une évolution ne peut enregistrer en réalité qu'un changement dans la mesure. Si j'observe des variations dans les degrés de chaleur, c'est peut-être que la température change… mais peut-être aussi que le thermomètre est détraqué, ou qu'on a changé le type d'appareil… Mieux vaut donc être prudent et envisager cette éventualité avant de se précipiter dans des interprétations savantes mais fausses !

Toute évolution doit être interprétée dans la durée. Seule une comparaison dans le temps permet de dire si la variation observée a une ampleur significative. Ainsi un « pic » exceptionnel mérite un commentaire prudent, en attendant de voir si la tendance se confirme.

Remarquons aussi qu'un chiffre tout seul est rarement significatif : il ne prend de sens que rapporté à d'autres, qui l'éclairent. Ainsi un indicateur de précarité ne peut être interprété seul : c'est l'ensemble des variations enregistrées au niveau du logement, de l'emploi, de la santé, des relations sociales, etc., qui permet d'expliquer les trajectoires d'exclusion.

FICHE MÉTHODE 13

Que signifie une augmentation (ou une diminution) ?
Attention au thermomètre !

Avant de dénoncer un nouveau drame ou de crier victoire, parce qu'un chiffre a augmenté ou baissé, il vaut mieux prendre quelques précautions et se demander :
– la période d'observation a-t-elle changé ?
– les modalités d'enregistrement ont-elles changé ?
– a-t-on modifié la définition de ce que l'on compte ?
– a-t-on modifié la grille de recueil des données ? Ajouté ou retranché des catégories ?…
Ainsi, remarque l'Observatoire de Quimper, la baisse du nombre de sortants du RMI en 1998, n'est-elle sans doute qu'une illusion « liée à des retards dans les radiations du fait de l'installation des nouveaux systèmes informatiques » dans une CAF[1].

1. Observatoire de Quimper, *Données. Analyses. Propositions*, décembre 1998.

Prudence : vases communicants ! Observatoire de Quimper

Si une catégorie se vide, peut-être qu'une autre se remplit ! Ainsi, lorsque la catégorie « autres demandes » enfle démesurément, il est normal de chercher un facteur commun et de grouper toutes les demandes qui peuvent l'être dans une nouvelle catégorie, mais l'interprétation doit en tenir compte. De même également, l'instauration de nouveaux emplois aidés génère une offre qui modifie les demandes. L'augmentation du nombre des bénéficiaires du RMI à Quimper de décembre 1988 à août 1994 relève ainsi d'interprétations différentes selon les phases :

– « la phase de montée en charge ne peut être analysée comme l'effet d'une évolution économique mais bien comme un phénomène artificiel généré par l'ouverture à un nouveau droit et la prise de connaissance de celui-ci, tant par les ménages bénéficiaires potentiels que par les travailleurs sociaux et leurs institutions ;

– la phase de stagnation peut être expliquée par la multiplication des dispositifs de traitement social du chômage (CES, SIFE, ...) ; [. .]

– la phase de progression à partir d'octobre 1992 s'explique à la fois par l'effet, avec décalage, de la forte progression du nombre de demandeurs d'emploi et par la modification, mi-1992, des conditions d'accès à l'assurance chômage [...]. Le RMI étant un dispositif de bout de chaîne, son évolution est fonction de deux données : la progression des besoins ; la modification des conditions d'accès aux autres dispositifs.[1] »

Ces précautions sont particulièrement utiles lorsque les observations sont peu nombreuses et donc statistiquement peu significatives. Nous allons voir de nombreux exemples de façons dont on peut interpréter des évolutions avec prudence dans les pages qui suivent.

Les interprétations compréhensives

Il paraît plus facile et plus familier de parler du sens. Cependant, on voudrait montrer ici comment on peut travailler sur le sens de manière rigoureuse. Nous explorerons deux pistes : la recherche de sens et les analyses de stratégies.

Le sens : en quel sens ?

Le mot « sens » a beaucoup de sens ! Dans cette diversité, nous retenons les éléments suivants : sens est proche de « signification » : c'est

1. Observatoire de Quimper, *Données. Analyses. Propositions,* décembre 1994.

le rapport entre un signifiant (objet, mot) et un signifié (valeur de l'objet ou du mot, ce qu'il veut dire). Mais ce rapport n'est jamais unique, ce qui fait la joie des humoristes (et la difficulté de compréhension entre les hommes !).

« Sens » désigne aussi une sorte particulière de ces significations : ce qui fait que la vie a un sens, qu'un propos a un sens, c'est-à-dire mérite d'exister, se justifie, ou au contraire se réduit à un non-sens.

Enfin, « sens » désigne aussi une direction. Il est l'orientation du regard, le but qui organise et sous-tend l'attention : il n'y a pas d'observation qui ne soit dirigée vers un objet.

Le sens est lié à l'homme : c'est un rapport qu'il établit avec le monde qui l'entoure. Même si plusieurs hommes peuvent être d'accord sur le sens qu'ils donnent à ce qu'ils observent, il n'y a pas de « vrai sens » ; seulement des sens plus objectifs que d'autres.

Un sens pour qui ?

Le sens que nous donnons à des comportements similaires, à des lieux comparables, dépend de ce que nous sommes et de la situation dans laquelle chacun se trouve. Le sens est une construction particulière qui est opérée, par un individu ou un collectif. Il comporte donc par définition une part de subjectivité, même s'il peut être partagé par plusieurs personnes. C'est ce second aspect qui intéresse l'observation sociale : comment faire en sorte que le sens donné aux observations ne soit pas purement subjectif, mais accède à une certaine objectivité ?

Le sens est construit par l'individu

Si chacun donne un sens à ce qu'il observe, ce n'est cependant pas au hasard. Nous interprétons le fait observé en fonction d'abord de notre identité sociale et culturelle, comme nous l'avons vu : notre âge et donc les expériences vécues, le sexe, l'origine ethnique, la formation.

Le sens donné par chacun dépend aussi fortement de la place occupée. Celle-ci définit en partie le regard que l'on porte. Ainsi à un même fait, la même personne ne donnera pas le même sens selon qu'elle est acteur, témoin ou victime, selon qu'elle se situe comme habitant ou comme professionnel de l'aménagement urbain. Selon les cas, je ne verrai pas du même œil la voie rapide qui doit passer sous mes fenêtres !

De même, les entretiens menés par des assistants sociaux d'entreprises avec des employés ayant subi des agressions ou des hold-up montrent combien le sens de la règle « garder l'argent dont on est responsable » est bouleversé dans ce cas. Claire Lecoq, conseillère chef du Travail à la Société Générale, explique : « Nous avons mené une réflexion sur la place de l'agressé. Quand il y a un hold-up, l'agent change de repères. Dans le travail quotidien, il doit respecter les règles données par l'entreprise : je protège l'argent de la Société Générale. Ensuite, devant l'agresseur, il doit changer ces règles, se persuader qu'il doit donner l'argent à l'agresseur. Et après le hold-up, il doit revenir aux règles de l'entreprise. Ce n'est pas évident du tout ! Pour mener les entretiens post-agression, il faut donc être bien au fait de ces pertes de repères, qui ont lieu en un temps parfois très court.[1] »

Le sens tient aussi aux motivations personnelles à un moment donné, aux stratégies conscientes ou inconscientes qu'on développe. Les analyses psychologiques fournissent nombre d'interprétations sur cette base. Certains vols sont ainsi expliqués comme des tentatives de répondre à des frustrations.

Lancer un caillou dans une vitre

Jean Baechler dans l'introduction de son livre *Les suicides*, énumère avec humour les différents sens que peut avoir un acte aussi simple que lancer un caillou dans une vitre.

« Un sens pour qui ? Pour le sujet ou pour les observateurs ? Le sens doit-il être construit avec l'ambition de construire le sens que l'acteur percevait lui-même au moment de l'action ? Ou bien le sens résulte-t-il de tous les renseignements qu'un observateur extérieur pourra rassembler et qui échappent pour la plupart à la conscience du sujet ? Un gamin lance un caillou dans les carreaux du voisin. Pour lui, il s'agira de se venger d'une réprimande. Pour le voisin en question, le sens de l'acte sera clair : parfaitement gratuit, il exprime la perversité précoce ou la mauvaise éducation. Pour le psychologue, il s'agit d'un transfert sur un individu neutre et non parent d'une pulsion agressive dirigée contre le père et empêchée par un interdit de trouver son destinataire. Pour d'autres, le geste pourra devenir culturel (casser un carreau est la manière quasi-institutionnalisée dont le groupe des jeunes manifeste, envers le groupe des adultes, son attitude ambivalente : il voudrait bien entrer dans le monde des adultes, donc il frappe à la porte ; mais il a peur d'y entrer, donc il casse la porte politique : le carreau matérialise la propriété bourgeoise et l'enfant incarne de façon encore maladroite le prolétariat rédempteur). On voit qu'il y a autant de sens d'un geste

1. Entretien du 22 janvier 1999.

aussi simple et aussi innocent – si je puis dire – qu'il y a d'interprétations disponibles » (Baechler, 1975, p. 125).

Bizarre ! En lisant ce texte écrit il y a un quart de siècle, nous avons l'impression qu'il est intéressant mais décalé. C'est que nous percevons le filtre à travers lequel l'auteur construit le sens qu'il donne au mot « sens » ! La formulation de ses interprétations porte la marque de conceptions idéologiques, de points de vue datés. Le filtre est celui de l'approche marxiste version post-68 : opposition bourgeoisie/prolétariat ; libération[1].

> Pour comprendre les phénomènes sociaux, il est utile de dégager :
>
> – le sens donné par la personne qui agit : l'« acteur ». Le voleur donne un certain sens à son acte.
>
> – le sens donné par un observateur proche, donc disposant d'éléments de connaissance diversifiés. Ce peut être un membre de la famille, un collègue, un voisin, mais aussi une personne ayant une compétence particulière qui la conduit à interpréter ses observations : policier, médecin, éducateur ;
>
> – le sens de l'observateur lointain : le lecteur d'un fait divers dans la presse, le spectateur d'un reportage télévisé… Il n'a aucune connaissance directe du fait et de son contexte.

Parmi tous ces sens, y en a-t-il un vrai ?

Il n'y a pas de « vrai sens »

Lorsqu'un agent de la Poste dit à l'assistante sociale : « Je voudrais partir en province mais ma demande de mutation est bloquée », il donne sa compréhension des faits. Mais le sens qu'il donne, aussi sincère soit-il, ne prend en compte qu'une part de réalité. On ne peut pas dire que ce soit le seul « vrai sens ».

Pour aller au-delà du sens subjectif donné à cette demande, il faut étudier plusieurs demandes de même type, les éclairer par d'autres aspects de la situation (contexte institutionnel, règles de mutation), tenir compte du sens qu'ont ces demandes pour d'autres acteurs. On peut ainsi comprendre le phénomène dans sa globalité.

1. Ceci ne signifie pas que l'auteur adhère à ces interprétations. Il met suffisamment en évidence l'approche idéologique qu'il utilise pour montrer qu'en fait il cite des psychologues ou des éducateurs, et prend de la distance à l'égard de ces interprétations.

Le sens des demandes de mutation de postiers.
Service social de La Poste

Pourquoi le nombre de demandes de mutations de postiers est-il important[1] en Île-de-France ?

Après avoir remarqué que les profils de demandeurs se distinguent essentiellement en fonction de l'ancienneté à La Poste et de la fonction exercée, le « bilan social des assistants sociaux » de 1995 analyse la diversité des sens qu'a la demande de mutation pour ces agents. Il met en relation l'évolution des règles concernant les mutations (dites « mobilité géographique ») et leurs effets, les changements internes à La Poste et l'introduction de nouvelles logiques plus commerciales, avec le sens donné à leur mutation par les demandeurs, au niveau familial et professionnel.

L'extrait qui suit concerne la catégorie la plus nombreuse des demandeurs de mutation : des guichetiers, ayant plus de dix ans d'ancienneté.

« Ce sont les agents nommés depuis plus de dix ans qui ont principalement fait que la demande en matière de mobilité géographique se maintient à un niveau aussi élevé que les années précédentes. [...] Dans leur très grande majorité, ces agents sont du service général [...] ; âgés de 35-40 ans et nommés à La Poste alors qu'ils avaient 20 ou 22 ans, hommes et femmes à égale proportion, mariés, divorcés ou célibataires. Ces agents fréquentaient peu le service des ASS avant 1995 et leur demande était suffisamment nouvelle et particulière pour motiver des analyses plus poussées.

• Un sentiment de blocage

Ces agents sont le plus souvent installés en Île-de-France depuis de nombreuses années. Ils ont des vœux, renouvelés chaque année pour leur région d'origine, sachant qu'il leur faut beaucoup de patience. La mutation fait partie de leurs projets à moyen terme : ils ont totalement intégré la notion d'attente car cela faisait partie des règles du jeu. Ils s'habituent à cette attente parce que la mobilité sera en quelque sorte la récompense.

Alors pourquoi, brusquement depuis un an, ces personnes se mettent-elles à douter, à s'inquiéter et à faire appel aux assistants sociaux ?

Ils ont appris que la mobilité géographique se raréfiait pour les guichetiers et tout particulièrement pour les départements de la façade atlantique.

• La réforme des classifications [...]

Ces agents ont l'impression d'être défavorisés par rapport à d'autres catégories [...].

La classification des anciens [salariés de grade intermédiaire] ne permet plus le positionnement sur n'importe quel poste de service général. Dès

1. Le rapport des assistantes sociales (1995) indique que les demandes de mutation concernent 9 % du total des demandes des postiers d'Île-de-France. Stable en moyenne depuis 1993, ce pourcentage a cru fortement dans un département.

lors, les agents disent que "la réforme a rigidifié un système de fonctionnement autrefois plus humain". [...]

Les agents des services financiers parisiens étant orientés principalement vers la région atlantique, les postes vacants sur ces sites se limitent considérablement.

Alors même qu'ils voient leurs chances de mutation s'estomper, beaucoup de ces guichetiers ont une envie encore plus grande de partir : à côté de préoccupations d'ordre familial, se juxtapose une préoccupation d'ordre professionnel.

À l'inverse des agents recrutés par voie de concours local et ayant moins de 5 ans d'ancienneté, ces agents ont fortement intégré l'idée de service public. Ils ne parviennent pas facilement à accepter les notions de rentabilité, compétitivité et pour tout dire la notion de "commercial".

• Une idéalisation de la province quant à la qualité de vie et à la qualité du travail

Peu enclins à "faire de la vente", missions qu'ils jugent antagonistes avec les missions de service public, ils commencent à se motiver, à rechercher d'autres postes de travail en province, pensant – à tort ou à raison – qu'il y aura moins de "pression", ou tout du moins que cette "pression" sera plus facile à vivre avec la famille aux alentours.

• Une expression du malaise par des symptômes divers...

Tous ces agents font état de difficultés d'ordre social et manifestent des symptômes qui diffèrent selon la profondeur de leur ressentiment, leur personnalité et leur situation familiale.

Malgré ces différences, les assistants sociaux relèvent des analogies dans les réactions :

– la moitié de ces agents souffre de difficultés psychologiques allant exceptionnellement jusqu'à des tentatives de suicide ;

– 70 % font état de problèmes familiaux avec leur conjoint ou leurs enfants : séparations, divorces, échec scolaire, etc.

• ...et des répercussions sur le travail

Quelle que soit la nature des difficultés, presque toutes ont des répercussions sur le travail parce qu'elles se traduisent par des congés de maladie, des retards à la prise de service, une diminution de l'implication professionnelle avec des incidences sur la qualité de service.

Lorsque les difficultés perdurent, elles peuvent très rapidement générer des problèmes relationnels avec la hiérarchie et les collègues.

Se démotivant de plus en plus, ces agents n'adhèrent plus à la demande d'implication de plus en plus forte de l'entreprise : "il n'est plus question de faire de l'accroche-client puisqu'on se désintéresse de notre sort."

Face à ces difficultés et parce que les réponses traditionnelles ne fonctionnent plus, ces agents vont rechercher d'autres voies et développer des stratégies nouvelles. »

Il n'y a pas de « vrai » sens, mais il y a des sens plus objectifs que d'autres. Pour donner un sens objectif aux observations, il faut :

- partir des constats : quoi ? Qui ? Combien ? ;
- analyser les observations sous leurs différents aspects (sociaux, mais aussi politiques et économiques ; pour les personnes et l'institution) ;
- prendre en compte les différents regards que l'on peut porter (et pas seulement celui des intervenants sociaux).

Les analyses de stratégies

Les analyses de stratégies sont complémentaires des précédentes. Elles appellent à prendre en compte l'individu comme acteur dans une situation complexe : porteur de ressources, jouant des contraintes, élaborant des stratégies… mais se trompant souvent dans l'estimation de ses chances !

Pourquoi deux personnes de même situation sociale, affrontées aux mêmes problèmes de travail ou de famille peuvent-elles avoir des comportements différents ? Pourquoi deux frères proches, élevés de façon semblable, font-ils des études différentes, ont-ils des métiers différents ? À ces questions, auxquelles ni l'explication par les facteurs sociaux ni la recherche de sens ne suffisent à répondre, les analyses de stratégies apportent des éléments de solutions.

Revenons donc d'abord à nos postiers et voyons comment, face à l'échec de leur demande de mutations, ils élaborent différentes stratégies. Nous verrons ensuite ce que peuvent nous apporter plus largement les analyses de stratégies.

Face à l'échec des demandes de mutation, l'élaboration de stratégies différentes. Service social de La Poste

Suite du bilan social des assistants sociaux d'Île-de-France (1995)

• Les stratégies pour partir

« En 1994, nous avions remarqué que les agents avaient des réactions qui oscillaient entre les stratégies habituelles et de nouveaux comportements.

Ce constat perdure et s'accentue en 1995 : selon leur niveau de fonction, les besoins de la Poste, les agents vont adopter des stratégies pour pouvoir répondre à leur désir de départ.

• Une évolution vers des stratégies professionnelles

La recherche d'une mutation par l'utilisation de dispositifs réglementaires particuliers – telles les dérogations – est une voie moins sollicitée, à l'inverse des constats que nous pouvions faire il y a quelques années : "en l'absence de traitement autre, les agents utilisent la voie médicale" (étude sur les inadaptations. DPIF Est en 1989).

Si les agents développent toujours des stratégies visant à faire aboutir leur projet de départ, ces stratégies s'adaptent au nouveau contexte de l'entreprise :

– changement de métier ;

– recherche d'un emploi directement en province par des entrevues auprès des directeurs de groupements postaux.

Ces recherches se mènent soit avec discernement : "Dois-je faire des vœux comme facteur de secteur ? Qu'est-ce que ce métier ?", soit par des sollicitations diverses, sans que la nature des postes possibles soit un critère de choix. (Suit un exemple).

• Des changements de métier

Le regroupement des fonctions a permis à cet agent de retourner rapidement en province, mais en changeant totalement de métier. Même si ce retour le libère de ses angoisses, comment vivra-t-il ce changement lorsque l'euphorie première cédera la place aux contraintes du lendemain ? Il était un excellent guichetier ; sera-t-il pour autant un facteur de secteur performant ? (Suit un autre exemple).

Il semble bien que ces comportements se développent de plus en plus. [...] En fait, en cherchant à "se placer", ces agents espèrent éviter que des contractuels ne prennent ce qu'ils estiment leur revenir de droit.

• Des changements d'employeur

Ces stratégies sont développées par les agents les plus dynamiques, d'autres continuent à rechercher le détachement vers d'autres administrations, le congé parental voire la retraite anticipée pour les femmes qui ont eu trois enfants notamment.

En règle générale, toutes les voies habituelles pour rester à La Poste ont été explorées avant que ces agents ne recherchent un poste ailleurs (dérogation quand elle est possible – époux ou santé – ; demande d'examen par une commission administrative paritaire). Le plus souvent, ces agents aimaient bien leur métier, avaient une bonne expérience professionnelle et étaient considérés comme des éléments de valeur.

Le départ est vécu comme une fuite ; ils ne savent pas bien ce que sera leur avenir professionnel, ressentent beaucoup d'amertume avec toujours le sentiment d'avoir été floués.

• Des évolutions qui modifient les demandes faites aux ASS et les réponses

Les agents attendent des assistants sociaux des réponses les aidant à guider leur choix. L'assistant social mène une évaluation globale de la situation, tant dans ses aspects familiaux et privés que professionnels. La confiance que leur accordent les agents lui permet de mettre au jour toutes leurs questions sans craintes ni réticences.

> Bien souvent l'assistant social va être amené à prendre contact avec les directions de province pour connaître leurs besoins en terme d'emploi, les perspectives, les caractéristiques des postes de travail recherchés par les agents venus les consulter. L'objectif est de fournir des éléments visant à ce que l'agent puisse effectuer son choix avec une bonne connaissance des possibilités et des contraintes locales et qu'il évalue les impacts sur sa vie personnelle et familiale.
>
> Les renseignements fournis par les départements sont aujourd'hui plus précis, plus concrets et permettent ce travail de conseil. »

Cet extrait de rapport d'assistantes sociales nous intéresse particulièrement ici parce qu'il met en évidence les principaux apports des analyses stratégiques.

Un individu actif

Michel Crozier puis Raymond Boudon, qui ont élaboré les premières analyses de stratégies et leurs concepts, parlent de l'individu comme « acteur ». Non pas en tant qu'il joue des rôles[1], mais en tant qu'il agit. Ils s'opposent ainsi à une vision passive, pour laquelle les idées et les comportements des hommes sont le produit de leur condition sociale. Dans leur livre célèbre *L'acteur et le système*, Michel Crozier et Erhard Friedberg (1977) cherchent à comprendre la diversité des relations qui unissent les hommes et l'ensemble des systèmes dans lesquels ils vivent : entreprise, famille, école, association, nation, etc. Analyser l'individu comme acteur, c'est chercher toutes les façons dont il manifeste sa capacité d'action, par des choix, des prises de position, des raisonnements ; c'est mettre en évidence ce qui en fait un être libre.

Un individu « rationnel »

L'individu est défini comme rationnel, c'est-à-dire qu'il se sert de son intelligence pour analyser les situations et prendre des décisions. Que cet individu fasse partie de l'élite dirigeante (d'un pays, d'une entreprise), ou qu'il soit un chômeur sans diplôme n'a pas d'impor-

1. En cela, les analyses stratégiques diffèrent totalement des études d'Erving Goffman et du courant sociologique dit « interactionniste » qui, dans une perspective psychologisante, comparent les situations sociales à autant de « scènes » de théâtre, sur lesquelles les hommes jouent des rôles et adaptent leurs comportements à ceux des autres.

tance dans cette perspective : de toute façon, il raisonne et prend des décisions. Plus précisément, il opère un peu comme un joueur de cartes.

Comme un joueur de cartes

La comparaison avec la situation existant dans une partie de cartes est souvent présente dans les analyses stratégiques ; elle fournit toute une série de concepts intéressants.

D'abord, il y a des **contraintes**. Elles peuvent être extérieures (les règles du jeu) ou propres à l'individu (la somme qu'il a en poche et qu'il peut miser). Dans la vie professionnelle étudiée par l'observation sociale, ces contraintes sont les lois et règlements, les normes imposées par les institutions, l'occupation des postes, les habitudes et les valeurs qu'on doit respecter, etc.

Mais le jeu se fait en fonction des **ressources** (ou **atouts**) de chacun : les cartes représentent les diplômes, les connaissances, les qualifications et savoir-faire, les réseaux, les moyens financiers, toutes les capacités que l'individu peut **mobiliser** en la circonstance.

Car tout le monde ne mobilise pas ses ressources de la même façon dans la même situation : beaucoup de différences dans les situations des gens peuvent ainsi trouver une part d'explication.

Comme un joueur de cartes, l'individu calcule et fait des plans.

L'individu stratège

En un mot, l'individu est un stratège. Cette expression qui fait quitter l'image du jeu de cartes pour celle du champ de bataille, signifie la capacité à organiser une suite d'actions en réponse à une situation complexe et supposée incertaine. On comprend dès lors son succès dans un monde qui apparaît de plus en plus complexe et incertain…

L'idée de stratégie recouvre en fait plusieurs attitudes.

Tout d'abord parler de stratégie suppose qu'il existe **différentes possibilités**. On a en effet trop vite fait de croire qu'un individu n'avait « pas d'autre solution que celle qu'il a prise. » C'est contre cette paresse de l'observateur pressé, contre les facilités d'un déterminisme aveugle (« il est devenu boulanger parce que son père était boulanger ») que la notion de stratégie incite à lutter. Ainsi il est utile de chercher quelles autres possibilités existent. Autrement dit, d'élargir le champ de vision aux fils de boulanger qui ne sont pas devenus boulangers…

La stratégie suppose le **choix**. Dans cette perspective, comprendre signifie savoir quels choix l'individu a effectués, lesquels il n'a pas retenus et pourquoi. Se dégage ainsi une logique liant des décisions qui, sinon, pourraient paraître séparées. Comprendre, c'est éclairer un choix par un autre, en lui donnant une signification relative au sein d'un faisceau de possibilités. Ainsi la situation d'endettement contraint-elle la personne à effectuer des choix entre le paiement de certaines dettes (traites, loyer), l'engagement de nouvelles dépenses, la recherche de ressources supplémentaires, la diminution des dépenses.

L'interprétation des observations s'exerce alors selon un point de vue **dynamique**. Rien n'apparaît jamais complètement figé, fait d'avance ou évident. Les comportements des individus sont alors analysés comme des processus complexes d'interactions entre des données objectives communes à un ensemble de gens (par exemple, de faibles ressources, une famille nombreuse) et des données subjectives (individuelles telles que la volonté de se tirer d'affaire, ou collectives : la perte des repères générée par l'absence prolongée d'emploi).

Ainsi paraît-il plus facile de comprendre pourquoi des postiers de même catégorie, confrontés au même échec répété de leur demande de mutation, n'optent pas pour les mêmes stratégies.

Cette présentation des individus comme stratèges de leur vie peut toutefois paraître optimiste et laisser croire que chacun sait ce qu'il fait et prévoit les conséquences de ses actes. Or nous savons bien qu'il n'en est rien.

Un individu qui se trompe sur ses chances

Si l'homme est défini comme rationnel par les analyses stratégiques, c'est cependant de façon limitée. En effet, il se trompe, s'illusionne, évalue mal ses chances.

La notion de **chance** est primordiale. Elle croise des données objectives (l'existence d'emplois disponibles dans le cas des demandes de mutations) et subjectives (l'appréciation que chacun fait de ses capacités personnelles à occuper un emploi). Or cette appréciation varie selon la position sociale des individus et selon la dynamique dans laquelle ils se trouvent (ascension sociale, professionnelle, ou situation d'échec). Ainsi les postiers évaluent-ils de façon variable leurs chances de voir leur demande de mutation aboutir. De même, une étude menée par des assistantes sociales de la CAF de Creil (Oise) montre que les vacances qu'elles ont organisées constituent en fait des opportunités, dont les familles se saisissent différemment. Comme le montre Bertrand Dubreuil, « en analysant les propos des familles, on se rend compte qu'en fait ce sont elles qui se saisissent d'opportunités. C'est-à-dire qu'elles prennent ces départs en vacances comme l'occasion de modifier la dynamique familiale. Lorsqu'on les interroge quelque temps après leur séjour de vacances, on relève un travail de l'imaginaire autour de ce qui est devenu un "événement" producteur de représentations positives dans l'identité familiale. »[1]

Plus précisément, les différences de comportements s'expliquent en partie par des estimations différentes portées par les individus sur leurs chances d'ascension sociale ou professionnelle. Il est ainsi remarquable que, d'après le rapport cité, ce sont des postiers à l'aise dans leur travail, jusque-là confiants dans leurs perspectives de carrière qui surestiment le plus leurs chances de mutation. En effet selon que les individus évaluent positivement ou négativement leur position sociale et leurs possibilités de progression, ils augmentent ou réduisent leurs initiatives individuelles, comme le montrent en particulier les études réalisées par Raymond Boudon sur les différences de cursus scolaires et l'inégalité des chances d'accès à l'enseignement supérieur (Boudon, 1973 et 1983). Ainsi, des élèves appartenant aux « classes sociales inférieures » tendent à **sous-estimer** les avantages futurs d'un investissement scolaire (financier mais aussi efforts pour apprendre, choix de l'établissement) et au contraire à en **surestimer** les risques. Mais cette attitude est beaucoup moins vérifiée si les notes de l'élève sont bonnes ! C'est que, selon l'auteur, la réussite scolaire joue comme un « réducteur d'incertitude », aplanit les écarts : quelle que soit l'origine sociale, l'investissement sera d'autant plus grand que la réussite scolaire est grande…

Ainsi les analyses stratégiques permettent-elles d'analyser les situations dans lesquelles se trouvent les individus comme la résultante d'une suite de choix, de décisions, de calculs plus ou moins justes qui se cumulent, se renforcent dans leurs effets ou au contraire ont un effet réducteur. Choix et calculs ne sont pas totalement libres mais en partie liés à des positions et des trajectoires sociales ou professionnelles. En introduisant du jeu dans le système social, ils permettent de mieux comprendre les disparités de comportements.

---

1. *Cf.* Bertrand Dubreuil, sociologue, chargé d'études, CAF de Creil (Oise), entretien du 18 février 1999. *Cf.* aussi « Drôles de vacances ! Évaluation d'une opération de premier départ en vacances », *Études et recherches*, CAF de Creil, décembre 1994.

Le test des hypothèses

Quel que soit le mode d'interprétation des données, la fiabilité de l'interprétation tient au fait qu'elle ne se contente pas de vérifier les hypothèses posées au départ. Il est certes très sécurisant de conclure qu'on avait raison d'avance et qu'on formulait des idées justes avant même d'avoir établi les constats... mais ce n'est ni très rigoureux ni toujours crédible.

Les preuves et leurs limites

L'interprétation suppose une double attitude : apporter des preuves aux idées développées et adopter une distance critique. En effet, les observations sont presque toujours diverses. Certaines vont dans le sens de ce qu'on pensait trouver ; ce sont ces chiffres, ces exemples, ces corrélations qui serviront à étayer l'argumentation, qui fourniront des preuves. Mais d'autres observations se laissent plus difficilement plier à une idée préconçue, ne valident pas les hypothèses. Elles incitent à une démarche critique à l'égard des présupposés et des méthodes et peuvent ainsi conduire à la formulation de nouvelles interprétations.

Quand une enquête remet en cause les idées préconçues. CAF de Creil

L'étude menée sur les familles parties en vacances avec des assistantes sociales de la CAF de Creil montre que sur 34 familles interrogées, 31 sont satisfaites d'offrir des vacances à leurs enfants. En outre, « 24 ont exprimé sous une forme ou sous une autre que ce départ en vacances avait permis de restaurer ou de soutenir leurs compétences éducatives de parents. »[1] Ces résultats tirés du questionnaire corroborent certaines hypothèses initiales qui fondent l'action menée.

Cependant, d'autres observations tirées des entretiens et du questionnaire montrent que l'appréciation des familles et le bilan qu'elles tirent de ces vacances sont plus complexes. Aussi l'interprétation des résultats conduit-elle à remettre en cause des idées préconçues, comme l'explique Bertrand Dubreuil. « L'enquête avait un objectif : montrer que ces vacances favorisent l'insertion sociale des familles exclues. C'est-à-dire qu'on se représente la démarche faite par la famille en terme d'effets produits par l'action des travailleurs sociaux. Il serait plus juste de considérer qu'on leur offre des prestations, du type départ en vacances, stage contre l'illettrisme, soutien

1. « Drôles de vacances ! Évaluation d'une opération de premier départ en vacances », *Études et recherches*, CAF de Creil, décembre 1994, p. 40.

> scolaire, et que les familles s'en saisissent à un moment ou à un autre de leur trajectoire, au lieu de penser : on va les faire partir en vacances parce que ça favorisera leur insertion ! On retrouve là le fantasme du travail social : prendre en charge une famille, et la mener d'un point x à un point y. [...] Le séjour de vacances n'a pas nécessairement un effet d'insertion sociale et professionnelle direct, mais il a des effets extrêmement forts en termes d'imaginaire familial. C'est la famille qui se mobilise, qui exploite les bénéfices du service offert en matière de départ en vacances. L'insertion ne se décrète pas... Ceci est apparu au cours des entretiens. Ce n'est pas une hypothèse que nous formulions au départ.[1]. »

Cette prise de distance critique peut conduire aussi à interroger les méthodes de recueil des données. Si les constats ne valident pas les hypothèses, c'est en effet soit que les hypothèses sont fausses soit que les constats ne sont pas fiables. Ainsi, dans l'étude menée sur les départs en vacances, les résultats proviennent pour une part de questionnaires. La limite de cette technique au regard de la complexité de l'objet étudié (la « satisfaction » des familles ; l'impact des vacances sur leur insertion sociale) apparaît lorsqu'il s'agit d'interpréter les réponses, oscillant entre discours stéréotypé et incompréhension. Bertrand Dubreuil explique : « L'évaluation des résultats est toujours difficile dans ce type d'action qui, pour l'essentiel, relève d'une approche qualitative. L'emploi de questions directes ("Vos vacances ont-elles été réussies ?", "Vous conduisez-vous autrement depuis ces vacances ?") donne des résultats limités voire peu fiables. Il est extrêmement difficile aux familles d'y répondre de façon conséquente. Ce type d'interrogation donne lieu en général à des réponses fuyantes, trop succinctes pour être exploitables, complaisantes ou revendicatives sans qu'on dispose d'éléments qui permettent de les situer. Quant aux réponses en oui-non ("Oui, mes vacances ont été réussies", "Non, je ne me conduis pas autrement"), il est impossible de savoir ce qu'elles signifient pour la personne interrogée (que veut dire : se conduire autrement ?). L'analyse doit donc plutôt s'effectuer à partir du récit que font les familles de leurs vacances, de leur disposition d'esprit avant le départ, de leur appréhension de la situation consécutive au séjour. »[2]

Aussi paraît-il plus rigoureux de se fixer comme objectif non de prouver ses hypothèses mais de les tester.

---

1. Bertrand Dubreuil, *id.*
2. « Drôles de vacances ! Évaluation d'une opération de premier départ en vacances », *Études et recherches*, CAF de Creil, décembre 1994, p. 25.

« Ne pas chercher à démontrer à tout prix l'hypothèse qu'on a posée »

Cette double attitude nécessaire à l'interprétation – prouver ; critiquer – peut être rapprochée des deux grandes tendances qui animent et divisent le monde de la recherche. Ainsi, si tous les chercheurs en sciences exactes ou en sciences humaines accordent une haute importance à la critique des préjugés, tous ne fondent pas la démarche scientifique de la même façon. Alors que la tradition expérimentale, issue des sciences physiques et biologiques (Claude Bernard[1], Gaston Bachelard[2]), fonde la scientificité sur l'administration de preuves, le courant anglo-saxon initié par Karl Popper[3] propose une inversion de point de vue : il s'agit non d'apporter des preuves mais de donner des moyens de réfuter ce qui paraît établi. Ainsi, le confort intellectuel donné par la preuve laisse place à une attitude moins encline à prendre tout pour preuve, plus investigatrice, parce qu'elle cherche les limites des affirmations.

Aussi nous semble-t-il nécessaire d'associer dans l'interprétation des données de l'observation sociale deux attitudes : en s'appuyant sur les constats faits, fournir des preuves des idées que l'on développe, mais aussi tester leur degré de validité. Par exemple, sur quelles populations, en quels lieux ou quand vérifie-t-on ces idées ? Dans quels cas faut-il les nuancer, voire proposer d'autres interprétations, qui elles-mêmes devront être confirmées par de nouvelles observations ?

Ainsi expliquer et comprendre ne signifient-ils pas justifier quelques observations ou idées. L'explication, parce qu'elle déplie les réalités, en révèle les tendances contradictoires, les disparités, les nuances. Ce sont ces différences qui font rebondir la réflexion. Comprendre, c'est donc prendre ensemble les tendances fortes, claires et les écarts, les confronter. Comprendre, c'est donc aussi questionner ce qui dérange, dans les modes de pensée et dans les pratiques. L'exemple du CREAI de Dijon met en évidence cette démarche : interpeller et dépasser les fausses évidences.

1. Claude Bernard (1813-1878). Physiologiste, il a développé à partir de son expérience, la théorie de la médecine expérimentale.
2. Gaston Bachelard (1884-1962). Théoricien de la science moderne et philosophe de l'attitude poétique. Il a notamment écrit *Le nouvel esprit scientifique* (1934).
3. Karl Popper (1902-1982). Logicien américain d'origine allemande. Pour distinguer les sciences qui méritent cette appellation, des pseudo-sciences, il a développé la théorie selon laquelle les systèmes de pensée doivent être soumis à l'épreuve de la « testabilité » (ou « réfutabilité »). Principal ouvrage : *La logique de la découverte scientifique* (1935).

Des statistiques qui enlèvent des préjugés. CREAI de Bourgogne

Pourquoi la Côte d'Or est-elle considérée par les professionnels comme le département le mieux équipé pour accueillir les adultes handicapés, alors que cela ne correspond pas à la réalité ?

Les études menées depuis 1997 par le CREAI[1] *de Bourgogne, en mettant à plat les données statistiques (dépenses d'aide sociale des conseils généraux en faveur des adultes handicapés ; structure par âge de la population), ont permis d'éclairer ces réalités « bizarres ». François Faucheux explique la démarche :*

« On a publié ces statistiques. Elles prouvent que la Côte d'Or n'est pas mieux équipée. Simplement, une partie des établissements est plus ancienne et a induit cette représentation persistante. Et actuellement, le nombre de places pour l'accompagnement et l'hébergement d'adultes handicapés par habitant de 20 à 60 ans est en Côte d'Or le plus faible de la région. Autre idée fausse complémentaire : la Côte d'Or est "suréquipée" parce qu'elle accueille des personnes venant de toute la France. Or c'est beaucoup plus le cas des départements voisins, l'Yonne, la Nièvre. D'autre part, on a établi que la ventilation des dépenses des conseils généraux n'est pas homogène en Bourgogne. De ce fait, les comparaisons interdépartementales demeurent hasardeuses si on ne reconstitue pas systématiquement des ensembles cohérents, ce qui n'est pas fait dans la plupart des données statistiques nationales. Autre exemple : on a regardé la répartition par catégories de handicaps dans les foyers de vie. Dans l'Yonne, on a constaté ainsi une importance extraordinaire des personnes présentant des troubles mentaux dans ces établissements, par rapport aux autres départements : un tiers dans l'Yonne et seulement 10 % en Côte d'Or. Alors pourquoi ces disparités ? Les statistiques que le CREAI établit visent à préciser les choses, à éviter des préjugés et des interprétations rudimentaires. À partir de là, on peut réellement interroger les pratiques ».

Pourquoi le département de l'Yonne offre-t-il deux fois plus de places pour les enfants déficients intellectuels que la Saône-et-Loire ?

« Là aussi, on a repris les données existantes. Notre but est d'essayer de comprendre les différences entre départements. Or on s'est aperçu que dans l'Yonne, les listes d'attente pour les établissements accueillant ces enfants restent supérieures à celles de Saône-et-Loire, alors que l'Yonne offre plus du double de places en IME[2] que la Saône-et-Loire, par rapport au nombre de jeunes de 5 à 19 ans de ces départements. On a interrogé les commissions départementales d'éducation spécialisée : comment se fait-il que… ? Comment établissez-vous les catégories… ? Un élément d'interprétation s'appuie sur l'histoire du département : les travailleurs sociaux savent qu'historiquement des jeunes de la région parisienne ont été

1. Centre régional d'études et d'actions sur les handicaps et les inadaptations.
2. Institut médico-éducatif.

placés dans des familles d'accueil dans l'Yonne. Mais au-delà de l'histoire, les politiques professionnelles actuelles doivent être réinterrogées. Les statistiques enlèvent des stéréotypes sur des réalités qui en fait se sont construites historiquement. »[1]

FICHE MÉTHODE 14

Pour interpréter les observations

En pratique, interpréter les observations se compose d'une double démarche : expliquer et comprendre les constats ; questionner les évidences.

Interpréter suppose donc de se demander :

1. **Quoi ?**
– Que voulons-nous interpréter ? Quel phénomène ?
– Que montrent les observations recueillies ? Si on compare la définition préalable qu'on a donnée et les observations, quels aspects ne sont pas observés ? Quels éléments nouveaux, non prévus, se dégagent des observations ? Quels aspects sont accentués ou au contraire figurent moins que prévu ?
2. **Combien ?** Quelle est l'ampleur du phénomène : nombre d'observations, importance des effets ? Dans quelle mesure est-il pertinent de parler d'effets ?
3. **Pourquoi ?** Ou plus exactement :
– Quelles caractéristiques sociales, professionnelles, culturelles des personnes peuvent contribuer à expliquer leur comportement similaire ?
– **Quels types** de personnes peuvent être construits à partir des observations ? Quels profils font apparaître le mieux les caractéristiques des personnes « à risques » ?
4. **Quels sont les différents sens** des comportements ? Pour qui ?
– Quels éléments de situation doivent être pris en compte pour comprendre le phénomène étudié dans sa globalité et sa diversité ?
5. **Quelles stratégies** se dégagent des observations ?
– Quelles sont les **contraintes** de la situation ?
– Quelles **ressources** sont mobilisables ?
– Quelles autres **possibilités** de comportement existent ?
– Quels **choix** ont été faits ? quels autres choix étaient envisageables ?
– Quels éléments de la situation ont été sous ou sur estimés par les personnes et permettent ainsi de comprendre leurs choix ?
– Quelle suite de décisions ou de choix a abouti aux situations observées ?

1. François Faucheux, directeur du CREAI de Bourgogne, entretien du 18 décembre 1998. *Cf.* aussi Sacha Fassi, « Les principales dépenses sociales des conseils généraux en faveur des adultes handicapés en 1997 », *Bulletin d'informations du CREAI de Bourgogne*, 179, janvier 1999 et *Statistiques concernant le secteur social et médico-social en Bourgogne*, CREAI, novembre 1998.

L'interprétation se fonde sur l'analyse statistique (si possible), en tout cas sur le nombre et la diversité des observations. Elle lie les caractéristiques des contextes institutionnels et sociaux aux comportements des individus ; elle en dégage la logique en faisant la part des déterminismes et des choix. Elle montre ainsi les limites des idées préconçues.

8

Communiquer ses observations

La communication de l'observation sociale :
principes et conditions

• Principes

– Fixer un cadre déontologique à la communication de l'observation sociale.
– Prendre en compte les logiques, le cadre de référence et les attentes des destinataires.
– Passer de la perception à l'analyse des faits, de la réflexion sur un individu à une réflexion sur les caractéristiques communes à plusieurs individus.
– Élaborer un rapport de synthèse d'observation sociale qui transforme des informations de terrain en informations stratégiques.

• Les conditions de mise en œuvre

– Construire un support de recueil de données standard.
– Traiter les thèmes dans des rapports séparés plutôt qu'établir un rapport volumineux.
– Illustrer les commentaires des tableaux et représentations graphiques.
– Adopter un langage compréhensible par tous.
– Établir des constats étayés, classés dont les sources sont citées.

Observer, compter, constater, interpréter… Encore faut-il communiquer ! Et donc être entendu. Certes l'observation sociale sert aux intervenants sociaux eux-mêmes, mais ce n'est pas sa finalité première. Elle a pour rôle prioritaire de contribuer à la connaissance des populations, des effets des dispositifs et ainsi à la prise de décisions, à l'élaboration de politiques sociales ou à leur ajustement.

Or la transmission se fait souvent mal entre les acteurs du social et les élus ou les managers. Nombreux sont les travailleurs sociaux à constater avec amertume que leurs rapports d'activité ne sont pas lus, ou restent sans écho. De l'autre côté, les critiques foisonnent : illisibles ! Sans intérêt ! Subjectifs ! Le constat est clair et plusieurs de nos interlocuteurs ont tiré de leur expérience une priorité absolue : « rendre lisibles » les interventions sociales.

Rendre lisible, ce n'est pas seulement rendre visible, selon le parallèle souvent fait. Car si certaines réalités sociales sont ignorées de nombreux cadres d'entreprise, responsables administratifs ou élus locaux, c'est plus encore leur compréhension qui fait défaut. Rendre lisible, ce n'est donc pas simplement dévoiler, mais rendre compréhensible, traduire. Cette exigence est loin de se limiter à l'observation sociale. Il est cependant intéressant de remarquer que dans certains cas, des intervenants sociaux ont été conduits à l'observation sociale parce qu'ils voulaient remédier à une incompréhension. Ainsi à la Société Générale : « À l'origine, dit Louisette Sicard [1], il s'agissait de réfléchir aux pratiques des assistantes sociales et de les rendre visibles pour l'entreprise. On a senti que la direction savait qu'il y avait un travail auprès des agents, mais ne nous comprenait pas, qu'il fallait aller au-delà, s'expliquer, rendre compréhensible… »

« Comment communiquer les données de l'observation sociale ? » revient donc à se demander : comment être entendu ? Dans les chapitres qui précèdent, nous avons préfiguré de nombreux éléments de réponse, que nous allons maintenant développer. Mais pour bien répondre, écoutons d'abord.

1. Louisette Sicard, conseillère chef du Travail adjointe du service social de la Société Générale, entretien du 22 janvier 1999.

Allô ! Que dites-vous ? Je ne vous entends pas !

Écoutons ceux qui n'entendent pas – ou mal – ce qui émane des acteurs du social. À partir de notre expérience professionnelle, de l'enquête réalisée par l'une de nous auprès d'employeurs de travailleurs sociaux[1], des entretiens que nous avons menés auprès de responsables d'observatoires sociaux d'entreprise ou locaux, nous constatons une convergence de points de vue.

Pourquoi les rapports des intervenants sociaux ont-ils souvent peu d'écho ? Quatre raisons principales se dégagent :

- **l'image donnée des problèmes sociaux** : insaisissables, non maîtrisables parce que non mesurés, peu formalisés, sans perception globale ;
- **une situation de communication pas claire** : qui a un message à transmettre et pour quoi ? À qui exactement ? Qu'est-ce qui est transmis par rapport à ce qui est su, qu'est-ce qui est tu parce que secret ? Et en quel langage ? Les rapports d'activité ne répondent pas aux attentes des décideurs : destinés à transmettre ce qu'on fait, ils transmettent peu la connaissance des populations reçues et de leurs problèmes ;
- **la communication ne se met pas en phase avec le destinataire**, avec sa logique d'action et de pensée. Bouteilles à la mer, les messages ont peu de chances de parvenir à ceux qui en ont besoin ;
- **le manque de rigueur** : critique récurrente, il désigne à la fois l'absence de mesure (quantification, comparaison avec d'autres sources), les difficultés d'objectivation (prise de distance par rapport à ses sentiments, au cas particulier) et le manque de fiabilité des informations.

Comment dès lors communiquer l'observation sociale pour qu'elle n'encoure pas le risque de servir de punching-ball aux critiques et d'être enfermée dans un placard ?

Des remarques précédentes et des expériences positives que nous connaissons, nous dégageons trois principes essentiels :

---

1. Hatzfeld H., Ringart N., *Les partenaires territoriaux des politiques sociales : leurs attentes concernant la formation des travailleurs sociaux*, Rapport université de Paris-Nord, 1994.

- définir une situation de communication claire et adaptée : passer du rapport d'activité au rapport d'observation sociale ;
- prendre en compte les logiques, le cadre de référence, les contraintes des destinataires ;
- fournir des informations rigoureuses, dont la complémentarité et l'originalité par rapport à d'autres sources soient claires.

Choisir des supports appropriés à l'observation sociale

Définir un cadre propre de communication de l'observation sociale est une condition essentielle de son efficacité. C'est une loi de la communication : si un même support est utilisé pour plusieurs messages, le risque de brouillage est important. Il vaut donc mieux définir un cadre approprié, selon les conditions concrètes.

Du rapport d'activité au rapport d'observation sociale

Le rapport d'activité des travailleurs sociaux ne paraît pas le support le plus adéquat pour transmettre l'observation sociale. En effet, son cadre est souvent fixé, réglementairement ou par l'habitude. Son objet est de faire connaître une activité. Or la communication de l'observation sociale n'a pas le même objet que le rapport d'activité : si celui-ci informe sur le travail accompli, les démarches menées, celle-là informe sur les catégories de personnes reçues, leurs demandes, leurs problèmes.

« Le service social n'a pas d'outil approprié pour faire remonter l'information ». Val d'Oise

Madame Bannerman, chef du Service des études et de la prospective et Madame Terriot, chef du Service social au Conseil général du Val d'Oise expriment clairement le besoin de disposer d'un outil approprié : « Le service social n'a pas d'outil approprié pour faire remonter l'information. Les informations qui remontaient jusqu'à cette année étaient recueillies sur la base d'indicateurs d'activité. Avec un bilan d'activité, ce qui est mesuré, c'est l'activité des travailleurs sociaux : nombre d'évaluations sociales, nombre de visites à domicile, etc. C'est sans intérêt pour notre propos. Nous avons essayé de développer avec des responsables de circonscriptions une autre approche plus qualitative : faire remonter des informations sur le contenu des actions menées et les trajectoires dont bénéficie le public au travers des dispositifs, ces derniers étant moins une fin en soi que des outils. En intitulant le rapport "bilan des actions sanitaires et sociales", nous voulons montrer que ce qui importe, c'est l'action menée à l'égard de l'usager. Cette

> démarche doit permettre d'avoir une meilleure connaissance, au-delà du nombre d'actes pratiqués, des domaines d'intervention et des problématiques sociales rencontrées sur tel territoire infra-départemental. »[1]

Le rapport d'activité s'inscrit aussi dans un jeu de relations entre acteurs, propre à une entreprise, une association, une collectivité locale, qui confère à ce document des enjeux qui dépassent parfois le travail social...

Enfin, si le rapport d'activité n'est pas très bien perçu, n'a pas très bonne image, il est souvent plus simple et plus efficace de proposer un produit neuf. Si l'affiche est nouvelle, le contenu du flacon bénéficie lui aussi d'un crédit de nouveauté... jusqu'à vérification. Pour ces raisons, il paraît préférable de distinguer le rapport d'activité et la communication de l'observation sociale.

Un cadre de communication professionnel

Comment définir des modes de communication propres à l'observation sociale ? D'abord en partant des acteurs de la communication et des enjeux de l'observation sociale.

Une communication de fonction à fonction...

Selon les destinataires de l'observation sociale, le mode de communication varie. On peut distinguer trois types de destinataires très différents : les décideurs ; les acteurs du social ; l'équipe d'intervenants sociaux. Nous nous intéressons ici particulièrement à la communication auprès des décideurs.

Cette communication est cadrée par les fonctions respectives. Nous entendons par là que la restitution des informations ne s'adresse pas à une personne dont on connaîtrait les goûts, les sentiments, les dadas, mais à une position et un rôle dans un système. Communiquer l'observation sociale de façon à être entendu suppose donc de bien connaître la fonction du destinataire, ses attentes en matière de connaissance du social, ainsi que ses façons de penser et ses moyens d'action.

...répondant aux attentes des destinataires

Parmi l'ensemble des informations détenues par les intervenants sociaux, comment choisir celles qui seront communiquées ? On peut

1. Entretien du 15 avril 1999.

retenir deux critères : elles répondent aux attentes des décideurs, des cadres ; elles les sensibilisent à une question. Dans un premier temps, il est parfois difficile de connaître les attentes parce que les relations existantes rendent peu crédible le souhait d'intervenants sociaux de jouer un rôle d'information fiable, parce que « personne ne nous demande rien et ce que nous faisons n'intéresse personne ! » disent certains. Mais les attentes sont quand même globalement connues.

Ce sont des attentes en matière d'information et d'aide à la décision : quelles personnes fréquentent le service social, vont aux permanences de l'association, formulent une demande ? Quelles sont les caractéristiques globales de ces personnes ? Comment évolue cette population ? Constate-t-on des changements après l'application d'une nouvelle mesure ?… Ces interrogations récurrentes constituent une bonne base de départ pour communiquer ses informations, même en l'absence d'une formulation explicite d'attentes. Elles peuvent être précisées en fonction des apports des autres acteurs.

En tout cas, la simple mise en forme quantifiée d'une « typologie des personnes reçues » constitue une amorce convenable : préparée sur l'année, elle est réalisable sans épuiser les forces, les heures et les pages. Réalisée de manière rigoureuse et clairement présentée, elle suffit cependant à donner une idée d'une méthode et à susciter d'autres attentes : demandes de rapports spécialisés sur un thème, étude d'une population.

En outre, la communication de l'observation sociale peut servir à sensibiliser sur certains problèmes nouveaux, ou mal connus, mal saisis.

L'observation sociale ne sert pas à communiquer les difficultés des AS à traiter certains problèmes. Service social de La Poste

Dans quelle mesure la communication de l'observation sociale doit-elle partir des centres d'intérêt propres aux intervenants sociaux ? Le démarrage ne peut en tout cas se faire sur ces bases, car le risque est alors grand à la fois de manquer la cible (intéresser les décideurs à l'observation sociale des intervenants sociaux) et de fatiguer les rédacteurs dans un effort inefficace.

« Il faut distinguer les problèmes des assistants sociaux et ceux qui intéressent leurs directions. L'observation sociale ne se fait pas à partir des difficultés qu'ont les assistants sociaux à traiter tel ou tel problème. Ceci relève de formations, d'informations à leur donner ; mais on ne fait pas un rapport d'observation sociale avec ça. Sur les problèmes financiers par exemple : il n'y a pas des changements majeurs d'une année sur l'autre. On a traité cette question à fond une année ; on a fait des comparaisons de situations, recensé les principales causes de difficultés, analysé les différents types de réponse mis en place par La Poste et leurs effets… L'année suivante, beaucoup d'AS voulaient encore décortiquer des situations et y consacrer une partie du rapport ! En fait c'était parce qu'elles avaient des problèmes pour traiter les cas. J'ai un autre exemple avec les problèmes dits psychologiques. Une équipe disait que sur son site, il y avait beaucoup de problèmes de santé mentale. En fait, c'étaient des gens qui avaient des capacités un peu réduites à la suite de parcours compliqués, de reclassements successifs mal acceptés, qui avaient des difficultés à supporter l'autorité, sans pour autant qu'on puisse dire que c'étaient des psychopathes ou je ne sais quoi ! Je me suis bagarrée pour qu'on n'en fasse pas un thème du rapport. Il faut voir comment une direction reçoit un rapport des AS où il n'est question que de problèmes psy ! "Mais, bon sang, on a tant de gens qui sont malades mentaux ? ! Ce n'est pas possible !" Non, on est parti de ce qui intéressait les directions : les grosses restructurations qui se préparaient (sur ce site). L'attente était de savoir ce qu'on allait faire des personne s, les réactions... Donc, notre rapport a consisté à dire : attention, il y a dans le personnel des agents qu'il faudra traiter de façon particulière, qu'il faudra accompagner plus que d'autres quand on va les changer de centre... Et on a fondé cela sur une analyse de leurs comportements, pas sur des catégories subjectives. » [1]

...apportant une information exclusive

Pour communiquer l'observation sociale, il convient de déterminer la spécificité des apports d'information des intervenants sociaux, donc de bien connaître les autres apports. Dans une entreprise, les sources d'information sur le personnel sont nombreuses : bilan social, analyses des tracts syndicaux, enquêtes et baromètres divers. De même, dans une ville ou un département, un élu dispose de plusieurs sources d'information : réunions publiques, réunions de bureau ou de conseil, réunions partenariales, notes de synthèse de ses services, réseaux personnels... Que peut apporter de plus ou d'autre un service social, une association ?

« Interview exclusive de... » entendons-nous souvent dans les médias. L'exclusivité de l'information est donnée en signe d'importance : elle signifie à la fois que l'information n'est transmise qu'à un organe privilégié (argument publicitaire puisqu'en fait ce sont tous les auditeurs ou lecteurs qui la reçoivent !) et que le contenu ne figure pas ailleurs, que l'émetteur – la personne interviewée – est le seul détenteur d'une précieuse information.

Dans le monde de l'intervention sociale, cette démarche existe aussi. Depuis longtemps, dans de nombreuses situations, une assistante sociale, un éducateur, un membre d'association sont appelés par un

1. Josyane Burnichon, assistante sociale, conseillère technique d'Île-de-France, entretien du 13 février 1999.

directeur des ressources humaines, un cadre territorial, un élu, etc., pour communiquer leurs observations, leur analyse sur un point. La relation établie est une relation d'expertise. Dans le cas évoqué, le mode de communication est essentiellement oral et personnalisé. Mais il est possible de mettre en œuvre des formes de communication écrites, plus largement diffusées, en s'appuyant sur cette démarche : montrer ce que les informations que l'on détient apportent d'exclusif et de complémentaire, au regard de celles des autres acteurs.

En quoi consiste cette exclusivité ? Par exemple, l'intervenant social fait saisir les effets d'une décision sur une population particulière : il montre par quels enchaînements une mesure positive peut générer de nouveaux problèmes. Il donne à voir les signes avant-coureurs de situations dommageables pour l'entreprise ou le quartier. L'exclusivité absolue est fort rare : inutile de chercher des scoops ! C'est beaucoup plus dans les précisions apportées ou dans une formulation qui fait entendre l'ampleur jusque-là mal mesurée d'un problème que réside la spécificité de l'apport, comme le montre l'exemple développé par Claude Loignon [1].

> ***« Les assistantes sociales sont les seules à pouvoir le dire de cette façon... ». Observation sociale de La Poste***
>
> « Il y a deux ans, les AS des départements ruraux nous disaient : "Avant, quand il y avait un problème, le chef d'établissement m'appelait et me disait : "j'ai un facteur qui a des problèmes... Il faudrait que vous le rencontriez." Je me déplaçais. Il me prêtait son bureau. Je rencontrais l'agent. On discutait de ses problèmes et j'essayais de l'aider à résoudre son problème. Je saluais le chef d'établissement et je m'en allais. Je faisais ainsi 7-8 établissements dans la semaine." Maintenant, je n'en fais plus que les trois-quarts. Parce qu'avant d'appeler le facteur qui a des problèmes, le chef d'établissement discute une demi-heure avec moi, et éventuellement une demi-heure encore après. Il me dit qu'il se sent seul, qu'il n'a plus de liens avec sa hiérarchie, que ce n'est plus sa poste, qu'il ne s'y retrouve plus... Une AS qui dit ça, ce n'est pas très intéressant. Mais quand vous en avez un nombre important, vous vous dîtes qu'il y a vraiment un problème. Ca m'a frappé. Les AS étaient les seules à pouvoir le dire de cette façon-là, à l'illustrer de cette façon. L'observation sociale des AS est là : dans la relation quotidienne. »

Communiquer les données de l'observation sociale nécessite donc de se demander : qui a besoin de quelles informations pour accomplir

1. Claude Loignon, responsable de l'observation sociale, La Poste, entretien du 21 décembre 1998.

sa tâche ? Quelles informations les intervenants sociaux sont-ils les seuls à détenir ? En quoi sont-elles susceptibles d'aider à l'accomplissement d'autres fonctions ? Répondre à ces questions conduit à définir une relation d'expertise.

De la compétence à l'expertise

La pratique de l'observation sociale apporte une nouvelle compétence : savoir synthétiser ses informations, passer d'impressions, de « ressentis » à des concepts et à des mesures.

Mais la communication de l'observation sociale apporte autre chose : une expertise. La distinction que nous faisons entre compétence et expertise tient à la différence de situation. On peut savoir formaliser ses observations et en rester là, ne pas les transmettre. Par contre, en communiquant ses observations, l'intervenant social s'engage dans une nouvelle relation : une relation d'expertise. Il met sa compétence en jeu face à une personne qui sollicite un éclairage, un diagnostic, voire un conseil sur une situation qu'elle connaît ou comprend mal. Alors que la compétence est générale, l'expertise s'exerce dans une situation donnée, toujours particulière. L'expertise n'existe que mise en situation, comme le montre Alain Bourdin : « La situation d'expertise se définit par un système typique d'attentes entre les acteurs concernés. Ces demandes associent étroitement la nature des connaissances spéciales de l'expert et le contenu même des interactions » (Bourdin, 1985, p. 154). Aussi la communication de l'observation sociale contribue-t-elle à définir concrètement une des formes d'expertise de l'intervention sociale.

Communiquer « ce qui est important »

L'efficacité de la communication de l'observation sociale dépend aussi de la clarté du message, donc de la capacité à distinguer le principal du secondaire. D'où la recommandation souvent faite par les formateurs en communication : un message, un support. Il s'agit donc à la fois de choisir un message principal et de définir un mode de communication approprié.

Les attentes des décideurs fixent un cadre, mais très large. En tout cas, il n'indique pas sur quoi précisément doit porter le message. Quelles informations faut-il alors privilégier ? Celles dont on peut démontrer l'importance.

L'importance peut se fonder sur un nombre. C'est la preuve la plus couramment partagée. La présentation quantifiée des informations a donc intérêt à être hiérarchisée, à mettre en évidence les données principales.

Mais certaines informations sont importantes sans être quantifiables, ou malgré un petit nombre de cas. L'importance réside alors dans les effets : effets déjà constatés ou effets prévisibles. Ainsi, les risques sont importants parce qu'ils sont les signes de situations de vulnérabilité susceptibles de se développer (endettement, contrats d'emploi précaires, etc.) ; ils révèlent des catégories de salariés qui peuvent être exposées plus que d'autres aux effets négatifs d'une restructuration d'entreprise…

L'argumentation sur les effets a une efficacité d'autant plus grande qu'elle ne concerne pas que les aspects sociaux d'un problème, mais touche à ce qui importe à l'interlocuteur : retard dans la mise en œuvre d'un plan, désorganisation, images négatives données d'un appareil de décision, d'une entreprise, d'un élu, nouvelles dépenses. Le raisonnement consiste non pas à amplifier des effets réels dans l'espoir d'en faire mieux prendre conscience, mais à montrer que des problèmes encore limités en nombre peuvent se résoudre si des mesures rapides sont prises. L'exemple de l'Observatoire social de Brest donne un bon exemple d'argumentation sur l'importance d'un problème, alliant nombre et gravité des effets.

« Cela s'imposait par son poids de détresse ».
Observatoire social (territoire de la ville de Brest)

Pourquoi faire un rapport d'observation thématique sur « les jeunes en grande difficulté » ? Comment justifier de l'importance de ce problème autrement que par des impressions partagées ? Telle est la question que s'est posée le groupe d'observation réuni à Brest dans le cadre du lancement de l'Observatoire social (territoire de la ville de Brest) au cours de l'hiver 1998[1].

« Comment cette problématique commune s'est-elle imposée ? Et comment en est-on venu à choisir la question des jeunes en risque de

1. Ce groupe d'observation était composé de membres de diverses institutions : Caisse d'allocations familiales, Éducation nationale, Direction de la prévention et de l'action sociale du Finistère (Conseil général), Mission locale, Centre communal d'action sociale, Ville-développement social urbain, Ville-coordination jeunes, ainsi que de deux membres du Centre régional d'études et d'actions sur les inadaptations de Rennes. Source : Observatoire social. Territoire de la ville de Brest (Préfecture du Finistère, Conseil général du Finistère, Ville de Brest, Caisse d'allocations familiales du Nord-Finistère), Groupe d'observation, *Expérimentation à propos d'un public. Rapport d'observation thématique. Les jeunes en grande difficulté*, CREAI/COMPAS, mai 1998.

désaffiliation ? Les participants ont très vite signalé, pour chacun d'eux, à quel point la priorité leur paraissait du côté de ces jeunes en risque de désaffiliation. À ce stade, il s'agissait d'une position d'expert. Se basant sur la pratique quotidienne, chacun mentionnait ses propres limites dans certains cas. […]

Par ailleurs, les chiffres peu à peu collectés commençaient à donner une base à cette expertise : renouvellement d'un nombre croissant de dossiers FAJ, nombre de jeunes restant dans la file active du CCAS, doublement en quatre ans des jeunes hébergés en urgence, collégiens ne venant plus en cours, jeunes pour lesquels la Mission locale n'avait rien à proposer… Bref, il manquait encore des données (dans l'attente des tableaux de bord), mais le sentiment s'imposait qu'un nombre restreint de jeunes (entre 150 à 200 selon les périodes) était tout de même concerné par un phénomène grave. […]

Pour finir, la concertation au cas par cas entre les instances semblait de plus en plus nécessaire. Car les quelques chiffres disponibles montraient une augmentation du phénomène. Bien sûr, 150 ou 200 cas sur 18 000, ce n'était pas statistiquement impressionnant ; mais cela s'imposait par son poids de détresse. »

Un message… Un support. Lequel ? Les situations de communication étant très diverses, il n'est pas possible de définir des supports types. On peut cependant tirer des expériences les enseignements suivants :

– un support propre à l'observation sociale ;

– des rapports thématiques séparés plutôt qu'un seul rapport volumineux. Le fractionnement de l'information présente l'avantage d'alléger à la fois l'écriture et la lecture. Il est en effet possible de répartir sur l'année l'écriture de divers dossiers et de distinguer les destinataires. La formule permet aussi de durer… ;

– une présentation synthétique. Pour chaque rapport, une fiche de synthèse préliminaire, des encadrés précisent l'essentiel du message ;

– des tableaux commentés et des représentations graphiques (organigrammes, camemberts…), des fiches regroupant « les chiffres-clés » toutes les fois où c'est possible. Le commentaire dégage l'information essentielle.

Rigueur et fiabilité

La rigueur paraît souvent aux travailleurs sociaux aussi désirable qu'inaccessible. Une malheureuse prédisposition (personnelle ? professionnelle ?) les priverait de cet atout… Rassurons-nous : il n'y a pas de fatalité. La rigueur dont nous parlons est simple. Elle revient à appliquer quelques règles de bon sens en matière de communication. Pour l'essentiel, elles sont l'expression directe de la formalisation de la pensée que nous avons exposée dans les chapitres précédents. Ce n'est donc pas d'une rigueur apparente que nous parlons, cachant un contenu flou et peu sûr, mais de netteté et précision de la pensée. Rigueur de l'expression et fiabilité du contenu vont de pair.

Le choix du langage

La rigueur passe d'abord par le choix du langage : la précision du message exclut l'emploi de termes et de tournures n'ayant de sens que pour les métiers du social. Toute culture professionnelle a certes son jargon : c'est un signe de reconnaissance entre gens d'un même monde. Mais c'est un obstacle à la communication avec les autres. Donc il vaut mieux éviter certains termes qui ne sont pas compris et employés hors de la sphère sociale, tels « le ressenti », « le social » (pour « le travail social »). Des interlocuteurs nous ont signalé qu'« aide à la personne » ne dit pas grand-chose aux cadres d'entreprise parce qu'ils ont affaire à des salariés, se situent dans des relations de travail et non des relations personnelles. De même, « handicap » est souvent employé de manière large et métaphorique par les travailleurs sociaux, alors que ce terme renvoie exclusivement au handicap physique ou mental pour d'autres personnes.

Des constats…

La base de la rigueur est constituée par la formulation de constats. Le constat désigne ici l'expression synthétique de faits observés : nombre de personnes reçues à la permanence des assistantes sociales, de l'association, au club de prévention ; nature des demandes ; comportements.

… étayés

Pas d'affirmation sans preuve, pas de constat sans fondement. Le fondement doit être quantifié dans la mesure du possible : proportion, pourcentage. Des exemples peuvent aussi servir à illustrer un constat, à condition de ne pas présenter comme général un cas exceptionnel.

… classés

Pour que le message soit clair, il vaut mieux classer les constats en suivant des principes généraux d'ordre :

– du général au particulier : donc indiquer d'abord les tendances principales (évolution du nombre de personnes reçues), les grandes masses ;

– du plus important au moins important : hiérarchiser les pourcentages et les autres constats dans un ordre décroissant ;

– par catégories d'analyse : sexe, âge, statut familial ; lieu ; période (selon les critères retenus).

...suivis de propositions

Les constats sont d'autant mieux perçus qu'ils sont accompagnés de propositions. Cette liaison est la manifestation du principe : connaître pour agir. Il n'est pas question pour autant que le moindre constat donne lieu à proposition ! C'est précisément le choix des constats, sur lesquels les intervenants sociaux peuvent faire des propositions, qui est signe de rigueur : la pertinence du choix est l'expression du respect des rôles, des positions professionnelles, des compétences. Joue aussi la formulation des propositions. Elle s'appuie sur le même principe que la formulation des constats : observation des pratiques existantes en tenant compte d'une diversité de points de vue, pour en mesurer certains effets positifs et négatifs ; suggestion de modifications ou d'actions précises.

Propositions au bénéfice des agents surendettés.
Service social de la Société Générale

Ces propositions sont extraites du rapport « Le surendettement et ses répercussions sur la vie professionnelle des salariés » élaboré par un groupe de travail du service social de la Société Générale.

« [...] Cette analyse amène à faire un certain nombre de propositions. Ces propositions n'ont d'intérêt que si elles s'inscrivent dans les approches complémentaires des autres acteurs de l'entreprise impliqués dans le traitement du surendettement.

1. Créer une dynamique relationnelle :

– une réflexion sur les représentations de l'argent [...] ;

– une communication vigilante [...] ;

– une méthodologie d'actions concertées [...].

2. Promouvoir des outils de communication :

– sensibilisation de l'ensemble du personnel [...].

3. Impulser de nouveaux fonctionnements :

– en terme d'organisation [...] ;

– en terme de dispositifs bancaires [...] ;

– en terme de politique sociale [...]. »

La mise à distance

La rigueur est aussi liée à la capacité à prendre de la distance par rapport à ce dont on parle. On peut dire que l'effet du rapport sur ses destinataires est inversement proportionnel à l'intensité des sentiments et de l'implication personnelle qu'on y trouve. La distanciation par rapport à la dureté des situations vécues fonde toute la démarche d'observation sociale. Elle se traduit notamment par :

- le passage de la réflexion sur l'individu à la réflexion sur une ou des caractéristique(s) commune(s) à plusieurs individus ;
- le passage de la perception ou du sentiment à l'analyse des faits, à la formulation de l'idée principale qui en ressort ;
- la définition de ce dont on parle.

La distanciation s'opère aussi par rapport à soi. Il est important qu'en lisant ou en écoutant un rapport d'observation sociale, on n'ait pas l'impression que l'auteur y a projeté tout ce qui le préoccupe personnellement : ses problèmes personnels, ses difficultés professionnelles, ses présupposés. Le travail collectif sur l'observation sociale, la mise en commun des constats et des réflexions sont un moyen de limiter cette tendance naturelle. Mais c'est avant tout par une attitude de vigilance et l'ouverture à d'autres points de vue qu'il est possible de prendre de la distance.

Les sources

Pour qu'un document soit fiable et donc soit pris en compte, il faut qu'on sache d'où il vient et comment il a été élaboré. Sinon, il est sujet à toutes sortes de contestations et de doutes. Il convient donc toujours d'indiquer en début de rapport :

- l'auteur : organisme ; équipes concernées ;
- les dates de recueil des informations ; le site d'observation ;
- les sources : entretiens professionnels, passages dans les services, visites à domicile ; bilan social d'entreprise, autres rapports, enquêtes ;
- le mode de recueil des informations (s'il y a lieu) : grille d'observation, questionnaire.

Les limites de fiabilité

Comme toute information, l'observation sociale des intervenants sociaux ne peut être exacte à 100 % ! Parce qu'elle s'appuie souvent sur des nombres faibles, parce que le recueil des informations comporte une part d'approximation inévitable, leur quantification comporte une marge d'erreur non négligeable. Il vaut donc mieux être clair sur la fiabilité des informations : indiquer les limites repérées les plus importantes (absences non remplacées ; imprécision dans une définition ; changements de catégories de recueil , etc.). La fiabilité de l'observation sociale des intervenants sociaux se mesure non à l'aune des sondages mais en fonction de son apport d'information à la fois exclusive et complémentaire sur des populations et des problèmes : ce sont les proportions, les évolutions, les grandes disparités entre lieux ou catégories qui importent et non les chiffres bruts.

Indiquer les sources et leurs limites de fiabilité.
Service social de La Poste

« Ce rapport d'observation sociale s'appuie sur la synthèse des données sociales des assistants sociaux franciliens. [...] La période observée est homogène pour toutes les directions et s'étend sur toute l'année 1995. Plusieurs sources de données ont été utilisées pour la réalisation de ce rapport :

– les rapports départementaux des assistants sociaux : pour 1995, 10 rapports sur 16 attendus ont été écrits [...]. Pour mener leurs observations, les assistants sociaux recensent leurs données à l'aide du logiciel Diapason[1] qui permet une exploitation statistique, et la production de typologies de la clientèle et des principales difficultés exprimées par les agents lors des multiples entretiens que réalisent les assistants sociaux [...] ;

– les travaux des groupes de travail [...] ;

– des entretiens menés auprès d'assistants sociaux destinés à confronter les premiers constats [...].

L'utilisation de ces trois sources de données permet d'améliorer la fiabilité des résultats. » (La Poste, Délégation Île-de-France, *Bilan social des assistants sociaux. Année 1995).*

1. Il n'est plus utilisé actuellement. Un nouveau logiciel est en cours d'élaboration.

La concision

Pour remplir ses objectifs (aide à la décision), la communication de l'observation sociale exige la concision : une note de synthèse claire a plus de chances de retenir l'attention qu'un volumineux rapport. Il vaut donc mieux envisager dès le départ des niveaux d'approfondissement différents : note de synthèse et rapports plus détaillés (analyse des personnes reçues. Principales catégories de demandes. Étude d'un thème).

La rigueur des informations apportées est un vecteur de communication parce qu'elle fonde une relation de confiance entre personnes appartenant à des mondes différents, *a priori* peu portées à croire l'autre sur parole : le destinataire est en mesure d'apprécier la pertinence des informations. Mais cette relation de confiance reste limitée si leur statut éthique n'est pas également éclairci.

DES INFORMATIONS QUI PROTÈGENT LES PERSONNES

Quelles informations sont communicables et à qui ? La communication de l'observation sociale pose des problèmes éthiques qu'il convient de cadrer correctement. Elle est en effet fréquemment source d'incompréhensions et de tensions, voire de conflits. Il ne nous appartient pas de traiter ici de la déontologie de l'intervention sociale dans son ensemble ; nous n'aborderons que ce qui touche à l'observation sociale et plus particulièrement à la diffusion des informations recueillies dans ce cadre.

Parce qu'elle concerne en pratique des acteurs et des domaines très différents, l'observation sociale oblige à définir des règles déontologiques communes. Sur quoi faut-il garder le secret ? De la part de qui ? Vis-à-vis de qui ? Avec quelle rigueur ou quelle souplesse ? À partir des problèmes les plus fréquents, nous montrerons comment il est possible de concilier le respect dû à la vie privée des personnes et la communication des connaissances fournies par l'observation sociale.

Les fondements de la déontologie de l'observation sociale

La communication de l'observation sociale est soumise à deux principes :

- elle doit être conforme à la loi ;
- elle doit protéger la vie privée des personnes.

La protection apportée par la loi

Juridiquement, la communication de l'observation sociale est cadrée par l'obligation de secret professionnel faite à certaines professions, et par la loi Informatique et libertés.

Le secret professionnel est une obligation juridique des assistants sociaux[1] et des professions médicales[2]. Il se fonde sur un double principe :

- celui de la protection des intérêts généraux de la société, représentée par les pouvoirs publics, plus particulièrement la justice et les administrations en charge de la santé publique et de la protection maternelle et infantile. Ainsi, l'obligation de secret professionnel est levée notamment dans les cas d'enfance en danger ;
- celui de la protection de l'usager. Le secret institue un droit fondamental de l'individu à pouvoir parler de sa vie privée en toute assurance de discrétion.

Si la plupart des intervenants sociaux ne sont pas soumis à l'obligation du secret professionnel tel qu'il est défini ci-dessus, les fonctionnaires, qu'ils appartiennent à la fonction publique d'État, territoriale ou hospitalière, sont aussi tenus à un secret professionnel[3]. En outre, ils « doivent faire preuve de discrétion professionnelle pour tous les faits, informations ou documents dont ils ont connaissance dans l'exercice de leurs fonctions ».[4] Ce secret professionnel des fonctionnaires se distingue du précédent en ce qu'il concerne non des confidences sur la vie privée mais des informations individuelles d'ordre courant. Mais le principe qui le fonde est le même. Cette similitude ne saurait toutefois autoriser à parler de « secret partagé » : cette notion n'existe pas en droit.

Ainsi, c'est le devoir de protection de la personne qui fonde la transmission des informations : devoir codifié par la loi pour certains acteurs, il apparaît plus largement comme un devoir moral. En établissant un devoir, le principe éthique édicte une interdiction : ne rien divulguer qui puisse attenter à l'intimité des personnes. Mais il laisse ouvert un vaste champ à la communication des observations.

---

1. Code de la famille et de l'aide sociale, article 225. Code pénal, articles 226-13 et 226-14.
2. Code pénal, article 378.
3. Article 26 de la loi du 13 juillet 1983 portant sur les droits et obligations des fonctionnaires, suivant lequel « les fonctionnaires sont tenus au secret professionnel dans le cadre des règles instituées dans le Code pénal ».
4. Article 26 de la loi du 13 juillet 1983, alinéa 2.

Le respect de la vie privée des personnes n'a reçu un fondement juridique que relativement récemment. Depuis 1970, le Code civil stipule : « Chacun a droit au respect de sa vie privée. »[1] Mais le fondement juridique le plus important est constitué par la loi Informatique et libertés.

L'informatisation des observations vue par la loi

La loi relative à l'Informatique, aux fichiers et aux libertés (6 janvier 1978) : « L'informatique doit être au service de chaque citoyen »

Cette loi est une réponse aux craintes multiples suscitées par les possibilités croissantes de traitement des informations offertes par les systèmes informatiques[2]. Elle comporte quatre éléments importants de défense des libertés au regard du « traitement automatisé des données » :

– elle énonce plusieurs principes garantissant le respect des droits de l'homme, de la vie privée, des libertés individuelles et publiques (article 1). Ainsi « aucune décision administrative ou privée impliquant une appréciation sur un comportement humain ne peut avoir pour seul fondement un traitement automatisé d'informations donnant une définition du profil ou de la personnalité de l'intéressé » (article 2) ;

– elle instaure le droit d'accès et l'information des individus. « Toute personne a le droit de connaître et de contester les informations et les raisonnements utilisés dans les traitements automatisés dont les résultats lui sont opposés » (article 3) ;

– elle précise les formalités préalables à la mise en œuvre des traitements automatisés : instauration d'obligations de demandes d'avis et de déclarations auprès de la CIL (articles 15 et 16) ;

– elle crée la CIL (Commission nationale de l'informatique et des libertés). Statutairement indépendante des pouvoirs publics, cette institution dispose d'un pouvoir réglementaire propre. Elle a pour mission de « veiller au respect des dispositions de la loi notamment en informant toutes les personnes concernées de leurs droits et obligations, en se concertant avec elles et en contrôlant les applications de l'informatique aux traitements des informations nominatives » (article 6).

---

1. Code civil, article 9. Loi du 17 juillet 1970.
2. Au début des années 1970, des contestations se sont développées sur le thème du fichage de certains individus : immigrés, ouvriers combatifs dans les entreprises, militants révolutionnaires, etc. Entre 1973 et 1976, plusieurs administrations développent des projets visant à constituer des répertoires de données (SAFARI, AUDASS, GAMIN). De nouveaux débats relaient les précédents : quelles sont les finalités de ces répertoires (contrôle, répression) ? L'informatisation est-elle susceptible de limiter les libertés individuelles ? Comment empêcher que l'interconnexion des fichiers conduise à enfermer les individus dans une sorte de toile d'araignée ? Comment garantir à la fois les libertés individuelles et les libertés publiques ?

La valeur de la personne humaine

La déontologie de l'observation sociale pratiquée par les intervenants sociaux a un fondement éthique. Elle se réfère aux valeurs philosophiques et morales les plus anciennes et les plus élaborées de l'humanisme. Dans cette tradition, qu'elle se manifeste dans les mouvances modernes du christianisme social ou dans les courants laïques issus de la Déclaration des Droits de l'Homme et du Citoyen, l'homme est choisi comme fin supérieure. En pratique, la tradition humaniste se traduit par :

- l'assistance aux personnes en difficulté. Qu'elle soit la manifestation de la générosité chrétienne ou des principes républicains de solidarité et de fraternité, elle s'efforce de préserver l'équilibre et l'intégrité des personnes, pour leur permettre une insertion responsable dans la société ;
- le respect de l'individu, de son identité, de son intimité, de son autonomie de décision, et plus globalement, de sa dignité ;
- la défense des droits de l'individu et, en général, de l'État de droit, face aux ignorances et aux abus qui pourraient l'entacher.

L'observation sociale : craintes et fantasmes

L'observation sociale suscite bien des craintes et fantasmes, autour principalement de trois questions : à quoi sert de compter et surtout d'informatiser les données de l'observation sociale ? Qui aura connaissance de ces informations ? N'y a-t-il pas des risques de repérage ou de stigmatisation des personnes ?

Compter, croiser, informatiser, communiquer... : mesurer les risques

La communication de l'observation fait surgir de façon aiguë un ensemble de questions déjà présentes dans le recueil et le traitement des données. Ou elle leur donne une nouvelle formulation : ce qui avait l'apparence de questions techniques devient un problème éthique. Ainsi, alors que la saisie des informations sur ordinateur se résumait souvent à un problème de temps et de commodité personnelle, la communication du nombre de personnes concernées par un problème, la diffusion de classements de personnes en catégories, la possibilité de croiser ces informations avec celles d'autres organismes sociaux ou administratifs éveillent les doutes et les inquiétudes : mais à quoi ces catégories, ces dénombrements, ces croisements de fichiers vont-ils servir au juste ?

C'est seulement si ces questions trouvent des réponses claires en concertation avec les interlocuteurs destinataires de l'observation sociale, que les réflexes de refus, de repli sur les habitudes, les dénonciations perdront prise. Plusieurs litiges ou contestations concernant des projets d'informatisation de données de l'observation sociale dans des entreprises, des administrations, des directions départementales de l'action sociale témoignent de ce manque de clarification.

Mieux gérer l'action sociale ou ficher des populations ? Exemple : les risques d'ANIS

Ces dernières années, plusieurs départements ont acquis des logiciels de « traitement automatisé d'informations nominatives » pour leurs services sociaux. Le progiciel Anis est l'un d'eux. Il permet, grâce à des micro-ordinateurs mis en réseau, à la fois la gestion comptable et financière de certains services et le suivi des procédures d'attribution et des informations concernant les bénéficiaires de prestations sociales distribuées par les départements. Il rend possible la création d'un dossier unique au niveau du département sur une personne ou une famille, par le croisement de données informatisées sur leur vie sociale ou leur santé. Ces logiciels peuvent être adaptés aux besoins de chaque département.

Le Conseil général de l'Ain a expérimenté dans le cadre d'Anis une fonction supplémentaire qui consiste à établir une typologie des difficultés et des potentialités des personnes reçues par les travailleurs sociaux. Une liste comportant environ 150 items a été élaborée par un groupe de travail afin de formaliser les informations recueillies lors d'un diagnostic social.

La divergence de point de vue est forte entre la Direction de la prévention et de l'action sociale de l'Ain, des travailleurs sociaux et surtout certaines associations nationales sur les finalités, l'intérêt et la mise en œuvre d'Anis et de la « typologie ».

Selon l'arrêté départemental portant création de ce système automatisé d'informations nominatives[1], Anis « a pour objet de faciliter :

– la mise en œuvre et la gestion des procédures d'attribution des prestations d'aide sociale établies en faveur de l'enfance et de la famille ;

– la gestion des informations relatives aux usagers des services départementaux de la Direction de la prévention et de l'action sociale bénéficiant des prestations d'aide sociale établies en faveur de l'enfance et de la famille ou (et) des actions sociales de terrain ;

– la gestion comptable et financière du service de l'enfance. »

Comme le précise Thierry Clément, directeur de la prévention et de l'action sociale, « Anis s'inscrit dans l'objectif du Conseil général d'élaborer des

1. Conseil général de l'Ain, arrêté départemental portant création d'un traitement automatisé d'informations nominatives, 23 décembre 1997.

politiques sociales adaptées à la diversité des pays qui composent le département de l'Ain, et plus proches de l'usager. Or on avait une faible visibilité sur les publics, les demandes, les réponses, l'utilisation des budgets… Nous n'avions pas de système d'information global [...]. Nous avons aussi cherché à sortir d'une approche par prestations (ASE, PMI…) pour développer une approche par clients, familles, et permettre aux travailleurs sociaux d'avoir des projets plus globaux, d'élaborer des actions comportant diagnostic, décision avec objectifs, évaluation… Nous avons voulu créer un logiciel pour gérer l'ensemble du processus de l'action sociale. »[1]

À ces objectifs de rationalisation de l'action sociale, certains travailleurs sociaux, en particulier organisés au sein de la CFDT, ont opposé leurs inquiétudes. Ils ont mené le débat sur deux plans : pratique et idéologique. Une réflexion a été engagée sur la façon dont la grille des typologies a été fabriquée et validée ; elle conduit ces travailleurs sociaux à dénoncer une manipulation par la direction : « elle s'est appuyée sur le besoin d'outils qu'ont les assistantes sociales pour analyser les difficultés des familles, sur la volonté de ne pas en rester à un travail dans l'urgence. La grille a été présentée comme un outil permettant d'aller vite dans le diagnostic d'une situation, d'aider à évaluer les difficultés… Mais le débat sur le principe même de typologies comme outil, leur informatisation et ses conséquences a sans cesse été refusé par la direction.[2] Selon ces travailleurs sociaux, ces grilles de typologies n'ont en outre pas d'utilité pratique pour leur travail quotidien.

Parallèlement, ils ont engagé une action auprès de la Commission nationale de l'informatique et des libertés. Celle-ci a formulé un avis qui approuve le principe de traitement automatisé des données : « le recueil et le traitement, à des fins statistiques, des caractéristiques des populations aidées au titre de l'action sociale et des types d'interventions sociales sont légitimes ». Cependant, la CIL a invité le Conseil général « à supprimer les typologies » et à apporter « des garanties afin de préserver les droits des personnes à l'intimité de leur vie privée. »[3] Pour motiver sa décision, la CIL souligne les risques éthiques que comporte Anis, et l'absence de pertinence des grilles de typologies : parce que ces dernières ont un « caractère le plus souvent subjectif », et sont d'un emploi facultatif, « aucune statistique établie sur la base de ces informations ne (peut) constituer un instrument de mesure de l'activité des travailleurs sociaux ni des caractéristiques de la population suivie. »

L'exemple d'Anis met en évidence la nécessité de clarifier de façon concertée les objectifs de l'informatisation des données dans chaque situation concrète : objectifs de meilleur suivi des populations grâce à une

1. Entretien du 1er juin 1999.
2. Entretien avec deux assistantes sociales du département de l'Ain. Nous respectons leur demande d'anonymat.
3. Commission nationale de l'informatique et des libertés, délibération du 13 octobre 1998.

connaissance transversale, objectifs de rationalisation de l'action sociale, objectifs de réorganisation…, tout en respectant les principes éthiques.

Aux questions suscitées par le dénombrement et l'informatisation, s'ajoutent celles portant sur les destinataires.

Qui a le droit de savoir ?

Qui a accès aux données ? La question de l'accès aux données de l'observation sociale recouvre trois problèmes :

- à qui interdire l'accès ? Il s'agit de déterminer le champ de confidentialité ;
- qui peut avoir accès ? C'est une question d'autorisation, mais aussi de possibilité technique ;
- qui doit avoir accès ? C'est une obligation, fondée sur des raisons professionnelles ou éthiques.

Les principes fondamentaux de la communication de l'observation sociale

Pour aider à fixer un cadre déontologique à la communication de l'observation sociale, nous proposons d'articuler trois principes : respecter la vie privée, adapter le contenu et la forme de la communication à chaque organisme, privilégier l'objectif de connaissance.

Respecter la vie privée des personnes

Le respect de la vie privée des personnes est un devoir juridique et éthique. En pratique, il est nécessaire de demander un avis à la CIL sur le type d'informations qu'il est prévu d'enregistrer, les modalités de traitement et de communication de celles-ci. La communication de l'observation sociale doit respecter l'anonymat des personnes. De même, la CIL interdit toute constitution et donc toute connexion de fichiers ne répondant pas aux deux conditions suivantes : que les personnes concernées aient donné leur accord à l'utilisation des données fournies, puissent consulter leur fiche, la faire modifier ou supprimer ; que les informations ne puissent pas être utilisées à d'autres fins que le traitement statistique.

Adapter le contenu et la forme de communication de l'observation sociale aux institutions

Lorsque l'observation sociale s'exerce sur des populations peu nombreuses, comme c'est le cas au niveau d'une entreprise ou d'une commune de taille moyenne, le risque est important que le repérage de problèmes se transforme en repérage de personnes. Ce risque tient au petit nombre d'observations. Comment le limiter, sachant qu'il est indispensable que les phénomènes quantitativement peu importants soient étudiés et connus parce qu'ils constituent souvent les symptômes, les signes précurseurs de problèmes plus vastes ?

Une première solution consiste à indiquer une proportion (et non un nombre) de personnes concernées dans un ensemble, à signaler l'émergence d'une nouvelle tendance. Lorsque c'est possible, le cumul des données à une échelle plus grande (par exemple sur trois sites d'observation au lieu d'un seul) est aussi une façon d'échapper au repérage nominatif.

Il existe également un risque de stigmatisation lorsque des informations convergent sur une catégorie particulière de personnes ou sur des lieux précis. Le fait est constaté en entreprise : ce sont les ateliers ou les bureaux qui ont mauvaise réputation. Les quartiers dits sensibles, les populations « à problèmes » concentrées dans certaines rues ou immeubles connaissent ce même effet pervers de l'attention dont ils sont l'objet. La communication de l'observation sociale doit donc être adaptée aux réalités de l'entreprise ou de la localité. Comme le montrent les exemples qui servent de références dans cet ouvrage, aucun cas n'est semblable. Aussi appartient-il aux intervenants sociaux de concevoir le mode de communication de l'observation sociale adapté à la situation, en concertation avec ses destinataires. Cela fait partie de la phase d'élaboration du dispositif.

Ce cadre général indique le type d'informations transmises (typologie des personnes reçues ; typologie des demandes ; analyse de problèmes particuliers ; études sur demande), la forme de communication (rapport d'observation annuel ; autres rapports possibles) et les destinataires (de tout ou partie des rapports).

En dehors de ce cadre général, la communication de l'observation sociale doit pouvoir être maîtrisée par les intervenants sociaux : ils apprécient quelles informations autres que celles contenues dans le rapport d'observation sociale ils peuvent communiquer et sous quelle forme. Cette appréciation doit prendre en compte trois critères : l'intérêt de fournir des connaissances supplémentaires pour répondre à un besoin réel, la possibilité de le faire de façon objective et fiable, et les risques éventuels (stigmatisation, voire fichage).

L'objectif premier de l'observation sociale : un outil de connaissance

Bien des problèmes nous sembleraient pouvoir être évités s'il était clairement admis que l'observation sociale est un outil de connaissance. Dans certains cas en effet, les suspicions et différends sur la communication des informations détenues par les intervenants sociaux sont liés à une confusion d'objectifs. Ainsi certains cadres de l'action sociale s'intéressent à l'observation sociale parce qu'ils voient en elle un outil pour transformer les pratiques d'intervention sociale : pour aider à faire des diagnostics, à concevoir une intervention comme un processus maîtrisé (de l'évaluation d'une situation à l'évaluation des résultats en passant par la fixation d'objectifs à atteindre et de moyens), à évaluer l'activité d'un service social... Or l'observation sociale n'est pas un outil conçu à cet effet. Des transformations dans les pratiques et les conceptions de l'intervention sociale sont certes nécessaires. Mais, pour y parvenir, elles exigent des démarches et des outils appropriés. Nous montrerons dans le prochain chapitre comment l'observation sociale contribue de fait à une transformation des pratiques, à leur rationalisation, mais elle n'en est qu'un outil indirect.

Aussi la communication de l'observation sociale doit-elle se fonder sur ce principe directeur : elle a pour objectif de permettre une connaissance et une compréhension meilleures des populations et des problèmes. Vouloir concilier cet objectif avec d'autres objectifs risque de créer des incompréhensions et des distorsions ainsi que de limiter la valorisation des informations.

Ainsi, la communication de l'observation sociale est-elle le résultat d'un processus d'interaction entre intervenants sociaux et destinataires. C'est au bout de plusieurs essais, échanges d'arguments, prises de position qu'il est possible à chacun de trouver ses marques.

L'informatisation des informations recueillies et la communication de l'observation sociale sont soumises à deux principes fondamentaux :

– elles doivent être conformes à la loi ;

– elles doivent protéger la vie privée des personnes.

Pour créer un cadre de communication adapté, limitant les risques de repérage et de stigmatisation, il est nécessaire de :

– concevoir le contenu et le mode de communication de l'observation sociale de façon concertée ;

– clarifier l'objectif du dispositif : apporter une connaissance précise, quantifiée et évolutive des phénomènes sociaux.

Des logiques partagées

La communication de l'observation sociale engage des hommes, des valeurs, des compétences, mais aussi des représentations. Elle crée une relation d'échange qui permet une meilleure compréhension du corps social, des perturbations qui l'affectent et des besoins qui en découlent.

Aussi cette communication fait-elle partie d'un processus : dans l'apport d'informations, se joue la construction d'une identité qui est à la fois sociale et professionnelle. La communication de l'observation sociale montre la capacité à se faire entendre d'autres personnes qui n'ont pas les mêmes logiques, pas les mêmes références, pas les mêmes langages. Elle montre la capacité à se situer au sein de l'organisme et par rapport à ses partenaires, à s'adapter aux autres et à de nouveaux besoins.

La connaissance et la compréhension réciproques des intervenants sociaux et de l'institution dans laquelle ils exercent, nécessitent une bonne intégration de ceux-ci dans son fonctionnement. Elles se fondent sur le partage de valeurs communes et sur la compréhension d'autres logiques.

Un ajustement continu de logiques

La communication de l'observation sociale est un travail d'ajustements de logiques. Toutes les manifestations d'incompréhension et de tension précédemment évoquées montrent la nécessité d'ajuster non simplement des formes de communication mais des formes de pensée.

Cet ajustement nécessite d'abord de savoir se situer dans l'organisme dans lequel et pour lequel on travaille : reconnaître son appartenance à l'institution, définir sa place par rapport aux personnes aidées et aux instances de décision, délimiter clairement ses apports de connaissances par rapport aux autres sources d'information.

L'ajustement des logiques passe aussi par une clarification des rôles respectifs, des devoirs et des droits. Cette clarification est d'autant plus nécessaire que les interlocuteurs changent. À chaque changement, il convient donc de repréciser les attentes respectives, les modes de fonctionnement, le cadre déontologique dans lequel s'exercent l'observation sociale et ses apports. Ainsi, à l'arrivée d'un nouveau responsable (directeur de l'action sociale, directeur des ressources humaines), il peut être utile de rédiger une brève synthèse des principales données d'observation sociale issues des rapports des années précédentes.

Cet ajustement passe par une capacité à s'adapter en fonction des besoins : nouvelles priorités, réorganisations… Il faut pouvoir répondre à des commandes ponctuelles de la part des dirigeants : rédaction d'un rapport d'étape sur les éventuelles conséquences d'une restructuration, bilan des effets des mesures prises à l'égard des salariés victimes d'agression, étude sur un thème ou une population particuliers.

L'ajustement entre logiques différentes passe aussi par l'instauration de modes d'information et de communication multiples. Responsables, travailleurs sociaux, autres partenaires selon les cas, doivent convenir de voies d'information rapide, orale ou écrite, de lieux de concertation, de formes de diffusion des observations. Le complément de l'observation sociale est ainsi la mise en place d'espaces partagés où différents acteurs pourront s'informer des observations qui les concernent, formuler leurs attentes, proposer l'analyse d'exemples enrichissant l'observation. Ces espaces, en réunissant des acteurs de domaines différents, favorisent la compréhension des logiques respectives, l'apprentissage de l'argumentation et de la négociation. Elles mettent aussi en évidence les compétences de chacun… et leurs limites. À Rennes, la publication des tableaux de bord sociaux donne lieu à des réunions par quartier : s'y retrouvent outre des responsables de l'Association pour la promotion de l'action et de l'animation sociale, chargée d'élaborer ces tableaux de bord, des membres des Conseils de quartier et des professionnels ou responsables divers. Ainsi la communication permet l'appropriation de l'information, son actualisation. Le développement d'un processus de « mutualisation de l'information » est aussi porteur d'initiatives d'action : la diffusion de l'observation sociale « facilite par quartier, les initiatives et les projets des uns et des autres »[1].

La communication de l'observation sociale suppose une bonne compréhension des logiques des destinataires. Celle-ci s'acquiert dans le travail quotidien, par l'effort d'information à diverses sources, par les réunions partenariales, par l'étude des projets, par l'écoute des arguments. L'aptitude à analyser une situation, une mesure, sous différents angles, économique, politique, managérial, juridique, permet que le point de vue social **aussi** soit entendu. Ainsi se constitue progressivement un champ d'intercompréhension fondé sur des références communes, des valeurs partagées, l'accord sur des faits… À La Poste, les assistantes sociales ont constaté qu'elles ne pouvaient pas être

1. Ville de Rennes, *Tableau de bord social. Données annuelles 1997*, octobre 1998.

entendues sur les problèmes de mutations des agents, si elles ne comprenaient pas les règles qui les régissent, les raisons qui conduisent à les changer. Même constat à la Société Générale à propos des traumatismes subis par les salariés victimes d'agressions et de l'aide apportée. « Nous communiquons sur le sujet en proposant une plaquette à l'ensemble des médecins interentreprises. [...] Maintenant, nous devenons coordinateurs pour tout ce qui se passe autour de la personne : le médical, le juridique... Mais pour que ce soit réellement reconnu, il faut que nous admettions que notre logique n'est pas la seule. Nous avons beaucoup travaillé ce point. Pour que l'assistante sociale soit capable de dire à un médecin : "il est nécessaire que vous mettiez sur votre certificat telle formule", elle doit être capable d'entrer dans son discours et d'être entendue par le médecin... Il faut qu'elle se sente en compétence suffisante et respecte aussi celle du médecin. Il faut qu'elle partage la façon de penser du médecin... C'est aussi valable avec le chef du personnel, avec l'avocat qui représente la Société Générale... » [1]

Comprendre les logiques de l'entreprise. Service social de La Poste

Lorsqu'on demande à Josyane Burnichon, conseillère technique à La Poste, ce qui fait qu'un rapport est lu, elle répond :

« Il ne s'agit pas de bien écrire mais de faire quelque chose qui puisse être compris. Ca veut dire reprendre leur logique. Si on n'a pas la connaissance des logiques de l'entreprise et la compréhension de ses objectifs, de l'impact que ça a sur les agents, ça ne va pas coller. Si le rapport n'est pas lu, c'est aussi qu'on ne travaille que sur la problématique des personnes, sans lien avec l'entreprise. D'autre part, il y a une question de point de vue. Pour certaines AS, tout ce qui est mis en place par La Poste est forcément négatif pour les agents. Alors, bien sûr, le rapport qui est fait est orienté en ce sens. Il faut rester le plus objectif possible.

Prenons l'exemple de l'installation des TOP (trieuses d'objets plats) dans des centres de tri. Pour comprendre ce qui se passe, les impacts sur les brigades, les horaires et les façons de travailler, il faut des informations préalables. J'ai fait une réunion avec un responsable courrier qui nous a expliqué en détail toutes les réorganisations à venir, toutes les nouvelles technologies qui vont être mises en place. Il a montré sur la base d'une approche ergonomique comment les gens vont porter, les postures, etc. Ca démystifie bien des choses. Car pour comprendre les logiques de La Poste, il faut qu'on nous les explique. (...) Si on n'a pas ces explications, si on n'a pas le point de vue du management, de l'ergonomie, l'interprétation va se faire

1. Claire Lecoq et Louisette Sicard, entretien du 22 janvier 1999.

complètement à côté. On ne dira rien qui accroche… Il y a une logique dans cette réorganisation. Cette logique ne consiste pas à créer des difficultés aux agents ! Il y a une logique économique, une logique de qualité de service. Si on ne s'en rend pas compte, on ne dira que du vent. »[1]

De multiples formes conviennent pour communiquer les données de l'observation sociale. De manière générale, il vaut mieux les séparer du rapport d'activité.

Pour être lus et constituer des outils d'aide à la décision, les rapports et notes de communication des données de l'observation sociale doivent :

– être synthétiques : pages résumées, notes de synthèse, rapports sur un thème ;

– présenter des qualités de rigueur et de formalisation ;

– répondre aux attentes des destinataires dans leur forme et les sujets abordés ;

– montrer la compréhension de différentes logiques et en particulier celles qui inspirent les décisions, qui animent les partenaires des dispositifs.

La communication de l'observation sociale se fonde sur les principes éthiques de respect de la personne dans sa vie privée et son intimité. Elle définit de façon concertée les types d'informations communiquées, les formes sous lesquelles elles peuvent être diffusées aux différents acteurs intéressés.

La communication de l'observation sociale par les intervenants sociaux contribue à construire une relation d'expertise.

FICHE MÉTHODE 15

Rapport d'observation sociale : exemple de plan

Pour l'analyse des données, se reporter au chapitre 6, Fiche méthode 10 : Analyse de l'observation sociale des intervenants sociaux.

Synthèse de l'observation sociale des intervenants sociaux

Page de garde : Institution, titre du rapport, date.

Sommaire du rapport : (indiquer les pages, si possible).

1. Introduction

– Qui adresse le rapport ? À qui ?

– Où (secteur concerné) ?

1. Josyane Burnichon., entretien du 13 février 1999.

– Quand ? Date de rédaction (ex : juin 2000) et période de référence (ex : 1999)
– Comment ? (quelles sont les sources de données ; indiquer leurs limites de fiabilité)
– Quoi ? **Annoncer les grandes évolutions de l'année écoulée (augmentation de certains objets de demande), les points importants (intéressants) du rapport.**
Annonce du plan : typologie des personnes reçues, thèmes traités (objets de demandes, problèmes...).

2. Typologie des personnes reçues

Elle vise à mettre en évidence :
– les principales catégories de personnes reçues par les intervenants sociaux ;
– les principales évolutions : augmentation du nombre de personnes reçues, nouvelles catégories, etc. ;
– les principaux « profils » (ou « types ») de personnes reçues : leurs caractéristiques d'âge, de sexe, de statut matrimonial, de type d'emploi, etc.

⇨ **Indiquer les chiffres les plus importants : pourcentages, proportions.**
⇨ **Mettre les tableaux indiquant les caractéristiques des personnes reçues.**
⇨ **Dire pourquoi ces chiffres et ces évolutions sont importants :**
– par comparaison avec les effectifs correspondants du personnel dans le même secteur (pour faire apparaître par exemple des surreprésentations) ;
– par comparaison avec les chiffres des années précédentes ;
– parce qu'ils dénotent de nouveaux comportements, de nouveaux problèmes, etc.

3. Pour chaque thème

Titre
Mettre un titre susceptible d'intéresser l'interlocuteur :
– étude d'une catégorie de personnes, de types de demandes, de difficultés. Ex : Des attentes déçues ;
– si possible : formuler le titre de manière problématique. Ex : Émergence de problèmes relatifs aux changements d'horaires.

Définition
Définir ce dont on parle (ex : inaptitude, difficultés financières).

Constat
Il montre l'importance quantitative du sujet traité :
– nombre ;
– nouveauté (différence par rapport aux années antérieures) ;
– difficulté (justifiée par un nombre) ;
⇨ **Signaler les limites de fiabilité** des chiffres dont on dispose.

Analyse
a. Elle indique précisément **qui (dans les personnes reçues) est concerné** par le problème traité (ex : qui est concerné le plus fréquemment par une demande d'aide financière).
⇨ **Indiquer les principales caractéristiques socio-démographiques et socioprofessionnelles** de la catégorie de personnes concernées (âge, sexe, statut...)
⇨ **Indiquer à chaque fois le chiffre qui fonde une affirmation.**

b. L'analyse indique :
– les principales corrélations établies entre des données chiffrées (ex : âge/statut familial/demande de logement) ;
– les relations établies entre des données chiffrées et les caractéristiques de la population de référence. (ex : proportion d'hommes dans la population reçue ; proportion d'hommes dans l'entreprise) état du marché du logement dans la ville).
⇨ **Justifier son analyse en indiquant ses sources** : dossiers de personnes reçues, réunions, passages dans les services d'une entreprise ou dans un quartier.

Interprétations
Elles visent à expliquer le problème étudié, à faire comprendre ce qui l'engendre ainsi que ses effets.
L'interprétation lie :
– le nombre ;
– les caractéristiques socio-démographiques et professionnelles ;
– la ou les signification(s) du phénomène étudié.

⇨ **Distinguer les différents sens possibles du phénomène selon les acteurs.**
⇨ **Fonder ses interprétations sur des preuves** : dossiers, bref exemple illustrant plusieurs cas.
⇨ **Montrer l'importance du problème.** La meilleure façon de prouver l'importance d'un problème est d'analyser ses **effets** : indiquer les effets observés (ex : demandes répétées de congés ; demandes d'information).

Les interventions des intervenants sociaux sur ce thème
Indiquer nettement :
– le type d'interventions faites sur ce problème par les intervenants sociaux ;
– le jugement porté rétrospectivement sur ces interventions : leurs aspects positifs et leurs limites. À quoi apportent-elles une solution adaptée ? À quoi précisément n'apportent-elles pas de réponse satisfaisante ? ;
– les propositions envisageables pour donner une réponse plus satisfaisante : distinguer celles qui concernent l'action des intervenants sociaux et celles qui concernent d'autres niveaux ou d'autres acteurs.

4. Conclusion
Terminer le rapport par une brève synthèse :
– points les plus importants à suivre l'année suivante ;
– limites du travail accompli et moyens d'y remédier ;
– enjeux communs concernant les intervenants sociaux et les destinataires du rapport.

9

Les effets de l'observation sociale

L'apport de l'observation sociale des intervenants sociaux

• Pour les décideurs

– Une meilleure connaissance du corps social et des perturbations qui l'affectent.

– Une aide à la prise en compte des besoins et des attentes des populations concernées.

– Une meilleure compréhension des phénomènes sociaux pour mieux agir et prévenir.

• Pour les intervenants sociaux

– Une expertise sociale plus générale qui ne se limite pas à l'individuel mais relie le particulier au général et vice-versa.

– Une meilleure maîtrise de la pratique quotidienne grâce à une compréhension globale des phénomènes constatés.

– Une capitalisation des expériences.

• Une démarche qui :

– conduit à une évolution des métiers sociaux ;

– renforce la crédibilité des intervenants sociaux sur les questions qui ont trait au social et en font de véritables interlocuteurs auprès des décideurs ;

– construit de nouvelles légitimités.

L'observation sociale est un puissant outil de transformation des modes d'action et de décision. Ces effets tiennent à la démarche d'observation sociale : formaliser un capital d'informations issu du terrain.

Ces effets s'exercent :

– sur les intervenants sociaux : l'observation sociale favorise de nouveaux positionnements ;

– sur les décideurs : l'observation sociale apporte une connaissance plus précise du corps social, contribue à une meilleure efficacité des interventions sociales, confère une plus-value à l'institution.

> ***« L'observation sociale a eu un double effet... ».***
> ***Observation sociale de La Poste***
>
> *Claude Loignon, responsable de l'Observation sociale de La Poste, a en charge la structuration d'une politique d'observation sociale à La Poste, articulant un ensemble de sources d'informations. De la contribution à l'observation sociale apportée par les assistants de service social depuis cinq ans, il tire le bilan d'une profonde transformation tant au niveau du management que des assistants sociaux eux-mêmes :*
>
> « L'observation sociale des assistants sociaux a eu un double effet : à la fois sur le milieu des AS, en permettant leur meilleure intégration, et sur le milieu de leurs interlocuteurs. J'ai l'impression que la perception des AS qu'a la ligne hiérarchique a nettement progressé. Elles sont beaucoup plus légitimes depuis qu'elles pratiquent l'observation sociale en complément de leurs activités individuelles. [...] Les relations sont nettement meilleures. L'AS n'est plus perçue comme l'empêcheuse de décider, celle qui ne veut jamais répondre. On sait ce qu'on peut demander. On voit l'utilité de leur observation. [...] Je ne dis pas que tout le monde utilise l'observation sociale des AS, mais plus personne ne demande ce qu'elles viennent faire là-dedans. » [1]

LES EFFETS SUR LES AUTRES ACTEURS

Les différentes pratiques d'observation sociale menées par des intervenants sociaux montrent trois effets principaux sur les autres acteurs : elles accroissent et diversifient les outils de connaissance, favorisent des synergies et contribuent à des décisions.

Éclairages et signes d'alerte

Information complémentaire mais exclusive, l'observation sociale des intervenants sociaux joue un double rôle d'éclairage et de signal d'alerte. Par les constats et l'analyse des problèmes, elle permet de passer d'une logique de connaissance à une logique d'action : agir sur ces constats et ces problèmes. Par les informations qu'elle apporte sur les caractéristiques des personnes reçues dans les centres sociaux, aux

---

1. Claude Loignon, responsable de l'observation sociale, La Poste. Entretien du 21 décembre 1998.

permanences des associations, etc., elle corrobore et précise un ensemble d'autres informations, les éclaire à partir de la pratique sociale. Associées à d'autres sources, les informations apportées par les intervenants sociaux permettent la production régulière de tableaux de bord offrant une vision globale et comparée, sinon complète, des populations, des territoires concernés par les interventions sociales. L'observation sociale des intervenants sociaux donne ainsi sens à des faits en les rapprochant, les mesurant, les nommant : elle les rend visibles et compréhensibles, en fait des objets d'action potentiels. Elle signale des « dysfonctionnements » : les constats de disparités entre territoires, entre dispositifs, deviennent autant d'indicateurs, non simplement de la gravité d'un problème social, mais de la plus ou moins bonne adéquation d'un système, d'une organisation, d'une mesure à un problème à résoudre, d'un écart entre des besoins et des réponses.

Ce rôle d'éclairage est aussi dynamique : en portant l'attention sur une population, un problème ou un territoire, l'observation sociale éclaire une évolution en cours, un risque. L'observation sociale joue de plus en plus un rôle apprécié d'indicateur de risques. À La Poste, la prévention des risques est ainsi devenue un des objectifs de l'observation sociale.

Anticiper les évolutions sociales du territoire. CAF de la Gironde

« L'observation sociale à la CAF de la Gironde s'appuie sur deux types de démarches techniques et méthodologiques :

– l'exploitation et l'analyse de gisements actualisés de données statistiques contenues dans les fichiers des allocataires ;

– la création d'un service de diagnostic territorial qui permet de mener des observations et investigations de terrain auprès des décideurs et acteurs sociaux, pour donner "sens" aux chiffres, aux remontées de terrain, aux faits constatés, mais aussi prendre en compte la parole des acteurs locaux et de la population concernée. » [1]

Fondée sur le présupposé que « pour essayer de se projeter vers un futur amélioré, il faut être en capacité de repérer forces et potentialités locales, mais aussi manques et faiblesses », cette démarche diagnostique a conduit à définir une fonction « gestion du risque social » (*id.*). Telle qu'elle a été définie par la CAF, « cette fonction aurait pour vocation, à partir du croisement de données issues de fichiers internes et externes et d'informations qualitatives de terrain, de permettre aux décideurs et utilisateurs d'anticiper

1. Julie Chabaud, *Peut-on anticiper le risque social ? Méthode Prisme (Prospective du risque social par mobilisation des experts). Bilan de l'expérimentation sur le Haut-Entre-Deux-Mers*, juin 1999.

les évolutions sociales du territoire afin de mettre en place des actions minimisant le risque social. »[1]

La fonction Gestion du risque social, sur son volet qualitatif, est en cours d'expérimentation par Julie Chabaud[2] sur le territoire du Haut-Entre-Deux-Mers. La démarche s'appuie sur la méthode de prospective Delphi en l'adaptant au champ social et en y ajoutant une dimension qualitative. Sur la base du risque social tel qu'il est défini par la CAF (monoparentalité, précarité économique, chômage, RMI, problèmes de garde, habitat), divers experts (intervenants sociaux, responsables de dispositifs, chargés de mission, acteurs associatifs) répondent à un questionnaire sur l'état actuel et l'évolution de ces problématiques sur leur territoire. Cette information quantifiée apporte une estimation sur la gravité actuelle et pressentie (risque) de ces problèmes ; elle est ensuite restituée aux experts réunis en groupe afin d'obtenir une décision collective sur la gravité actuelle et l'évolution probable des thématiques retenues.

Cette information quantifiée est complétée par une approche qualitative (entretiens semi-directifs). Celle-ci permet de ne pas se limiter aux indicateurs présupposés de risque définis par l'institution : elle dégage « ce que les experts posent comme indicateurs de risque sur leur territoire ». Il s'agit ainsi de repérer des « signaux faibles qui pourraient devenir les problématiques de demain ». Une synthèse des résultats est présentée aux experts sociaux locaux qui peuvent alors commenter et enrichir la démarche. L'intégration des apports des deux approches ainsi que des réactions des experts pourrait conduire à l'élaboration d'un « système expert ».

Ce rôle reconnu à l'observation sociale est particulièrement apprécié des décideurs parce qu'il opère un lien direct avec l'élaboration de plans d'action, de politiques. La contribution apportée par l'observation sociale des intervenants sociaux à la prévention des risques est un outil de la décision rationnelle.

Éclairages et signes d'alerte sont aussi des facteurs de dynamisation parce qu'ils introduisent une dimension critique de l'action : ils appellent à prendre en compte de nouveaux éléments, conduisent à infléchir des points de vue… Ainsi, des idées reçues sur une population, un quartier peuvent être mises en cause. C'est l'expérience faite par l'Observatoire de Quimper qui souligne : « Une analyse infra communale est toujours riche de surprises et d'enseignements contre les idées reçues. Comme dans toutes les villes moyennes, un quartier de Quimper est pointé comme le quartier de concentration des popula-

---

1. *La gestion du risque social à la CAF de la Gironde*, Document CAF, juin 1995, p.1.
2. Julie Chabaud, doctorante en science politique, en contrat CIFRE avec la CAF de la Gironde. Entretien du 2 avril 1999.

tions en difficulté. Or l'analyse selon le découpage par quartier INSEE offre une autre lecture de la réalité de Quimper. »[1]

Le partage des connaissances émanant du social conduit aussi à élaborer des dispositifs transversaux. De nombreux exemples de dynamisation d'actions partenariales existent au niveau local : c'est l'effet le plus tangible des observatoires locaux. L'observation sociale joue un rôle de stimulant à l'égard de certains acteurs.

La liaison entre connaissance et action n'est cependant pas toujours aussi directe qu'avec la mise en place de dispositifs transversaux.

Aussi l'aide à la décision apportée par l'observation sociale des intervenants sociaux constitue-t-elle plutôt un effet indirect.

L'aide à la décision

La formalisation et la transmission d'informations par les intervenants sociaux constituent des outils réels d'aide à la décision, mais leur effet est rarement direct. Elles apportent une contribution à la prise de décisions de plusieurs façons.

En établissant des constats, mesures, analyses de populations et de faits sociaux, en fournissant des comparaisons entre périodes et entre territoires, les remontées d'informations offrent la possibilité de préciser et de diversifier les modes d'action. Au Conseil général du Val d'Oise : « La confrontation d'informations multi-sources tant externes (INSEE, CAF, DGI, Inspection académique, DDTEFP) qu'internes (issues de la connaissance de l'activité des services) permet d'améliorer l'aide à la décision. Cela peut passer par la représentation cartographique et/ou l'analyse statistique de ces informations (construction d'indices de risque, tests de corrélation, ...), autant de techniques récemment introduites au Conseil général du Val d'Oise qui permettent de prendre en compte davantage de paramètres dans la décision. »[2] À La Poste, en 1995, les assistants sociaux se sont fait l'écho dans leur rapport d'observation sociale d'un nombre anormal de demandes d'informations sur les possibilités de mutations dans d'autres régions (*cf.* chapitre 7). Cette remarque a suscité une réponse

1. *L'Observatoire de Quimper. Données, analyses, propositions*, CERPS, décembre 1998.
2. Madame Bannerman, chef du Service des études et de la prospective. Entretien du 15 avril 1999.

de la direction. « Il y avait bien un réel problème d'information, explique Claude Loignon. Les règles de mutation sont typiquement une question qui concerne les ressources humaines. Il n'est pas normal que les agents aient à les demander aux assistants sociaux… Le directeur des ressources humaines, à la lecture de ce problème d'information, a décidé de faire rédiger un petit guide ("le guide de ma mobilité") qui a été diffusé à tous les postiers… » [1]

Mettre en évidence les différences d'effets de certaines mesures sur des populations, élaborer des typologies de comportements, permet en retour d'imaginer des modes d'action différents, selon les caractéristiques sur lesquelles on veut agir. L'aide à la décision consiste alors à lier des types de populations ou de comportements et des types d'action, à montrer les différents « scénarios » possibles selon les objectifs et les priorités afin que l'organe de décision effectue son choix en connaissance de cause. Cette mise à disposition de choix différenciés participe de la démarche de rationalisation de la décision. On la trouve en particulier dans les diagnostics : la dernière étape consiste à formuler différentes propositions, graduées en termes de résultats prévisibles, de durée, de moyens… La réflexion du service social de la RATP sur les modes de garde des enfants des agents vivant seuls a conduit à un ensemble de préconisations différenciées.

Une contribution à la décision sur les aides pécuniaires. Direction des ressources humaines et des relations sociales de La Poste

« Les informations de terrain des assistants sociaux doivent être intégrées dans les circuits de communication de l'entreprise, dans les plans d'action mis en œuvre. C'est ce que nous commençons à faire à La Poste. Nous avons largement pris en compte dans l'élaboration des nouvelles orientations les constats ainsi que les propositions des assistants sociaux. » [2]

Parce qu'elle offre une vision à la fois globale et précise, évolutive des difficultés et des ressources sociales, parce qu'elle favorise une compréhension partagée de certains phénomènes, l'observation sociale a un pouvoir de transformation des relations et des pratiques. Loin de n'être qu'un ballon lancé dans la cour des décideurs (en espérant qu'on le rapportera avec un petit mot !), elle modifie les données du jeu : de nouveaux rôles, de nouvelles compétences, de nouvelles relations se dessinent.

---

1. Claude Loignon, entretien du 21 décembre 1998.
2. Georges Lefèbvre, directeur des ressources humaines et des relations sociales, La Poste. Entretien du 1er octobre 1999.

DES MÉTIERS DU SOCIAL QUI SE TRANSFORMENT

Les transformations se marquent d'abord par l'acquisition de nouvelles compétences, liées à la pratique de l'observation sociale. Mais le propre de ces compétences est qu'elles se traduisent très directement dans l'action sociale quotidienne en offrant de nouvelles façons d'aborder les problèmes. C'est ainsi tout un système de relations, de reconnaissance du travail fait, de légitimités qui se modifie.

Une expertise des phénomènes sociaux

La pratique de l'observation sociale telle que nous l'avons définie dans les chapitres précédents est une puissante source de compétences par l'ensemble d'attitudes, de façons de penser, l'attention qu'elle développe. Les divers documents d'observation sociale que nous avons cités, les entretiens que nous avons réalisés avec des responsables, les expériences que nous avons menées témoignent clairement de l'acquisition de nouvelles compétences.

De nouvelles compétences apportées par l'observation sociale

Les compétences les plus fréquemment remarquées sont :

– l'aptitude à lire dans un cas individuel une caractéristique propre à un ensemble ;

– le souci de mettre en forme ses perceptions ;

– l'attention portée aux données globales, aux évolutions, aux disparités ;

– l'importance accordée aux preuves et à la pertinence d'une argumentation ;

– la préoccupation de classer ses observations ;

– l'intégration des dimensions politiques et stratégiques ;

– la volonté d'accéder à d'autres logiques pour transmettre une information qui puisse être partagée et comprise hors du champ social.

Il est également clair que c'est dans la pratique qu'elles s'acquièrent et s'affermissent. Parce que l'observation sociale constitue un arrière-plan toujours présent dans l'action quotidienne, fait clignoter quelques repères dans le brouillard des difficultés quotidiennes (combien ? Comment définir ? Comment classer ? Ce cas est-il exceptionnel ou typique ?), des habitudes se prennent, et ce qui pouvait sembler au départ difficile devient réflexe.

Ces compétences ont un effet direct sur les modes d'action.

Le développement d'initiatives

On remarque ainsi que ces nouvelles compétences suscitent des initiatives : initiatives de communication, de coordination, d'enquêtes. L'assurance que donne la connaissance formalisée et transmissible de son domaine d'action favorise d'abord les expériences de communication à de multiples niveaux. Il s'agit de faire partager la connaissance acquise, parce qu'elle paraît pouvoir être utile à d'autres. Nous avons vu comment des tableaux de bord locaux donnent lieu à des communications diverses sur des quartiers auprès des intervenants sociaux et autres responsables. De même, les constats faits par le service social du personnel de l'Assistance publique-Hôpitaux de Paris, lors de son étude de population [1], ont conduit les assistants sociaux à mener « une large démarche de communication vers les agents sur des aspects de droits de la famille et prestations sociales AP-HP, gestion du budget familial, modes de garde de jeunes enfants, prévention des toxicomanies et de l'alcoolisme. Ces opérations ont touché des groupes sensibles [...]. Elles ont pris diverses formes suivant les établissements hospitaliers [...]. La plupart de ces opérations ont été réalisées en partenariat avec des cadres hospitaliers, la Médecine du travail, des médecins chefs de service, des associations diverses, l'AGOSPAP [2], les services d'action sociale de la Caisse d'allocations familiales de la région parisienne, de la Caisse d'assurance maladie et de la CNRACL [3] ».

La prise de responsabilités

La capacité d'analyse globale des populations et des problèmes, la prise en compte de divers angles de vue sont un atout direct pour s'investir dans de nouvelles responsabilités lorsqu'il est manifeste qu'un seul corps de professionnels, qu'une seule approche ne peut suffire. La position de médiation entre logiques différentes dont nous avons vu l'importance pour l'action sociale joue alors un rôle décisif. Elle donne sa portée à la coordination de différentes interventions : coordination non formelle mais fondée sur la compréhension des logiques des autres intervenants.

---

1. Assistance publique-Hôpitaux de Paris, Service social du personnel, Service du développement social et des conditions de travail, *Étude de population*, novembre 1992.
2. Association de gestion des œuvres sociales pour les administrations parisiennes.
3. Caisse nationale de retraite des agents des collectivités locales.

La construction d'une compétence : la coordination des actions auprès des salariés victimes d'agression. Service social de la Société Générale

À la Société Générale, le service social s'est mobilisé pour répondre aux besoins des salariés de la banque victimes d'un hold-up.[1]

Premier temps : « Bien connaître le phénomène »

Création d'un groupe de travail avec une assistante sociale référente par région, soit huit personnes : « Tout d'abord elles ont réalisé un état des lieux sur la base des dossiers de suivi du personnel agressé. Ensuite, afin de vérifier les premiers constats, elles ont mené une observation sociale pendant neuf mois sur tous les hold-up, en rencontrant systématiquement toutes les personnes agressées, en analysant les actions de la hiérarchie, du médical et le comportement de l'environnement ».

Deuxième temps : « Se former » et « capitaliser »

L'ensemble des assistantes sociales a suivi deux formations :
– l'une sur les agressions dans le cadre professionnel ;
– l'autre sur l'entretien post-traumatique.

À partir de ces observations et des formations, le groupe initial référent a réalisé un guide récapitulant les savoirs sur le sujet. Ce guide, qui aborde tous les aspects : psychosociologique, médical, administratif, juridique, a été présenté au directeur des ressources humaines et validé par celui-ci.

Troisième temps : « Communiquer »

– Élaboration d'une plaquette destinée à informer l'ensemble des médecins interentreprises sur la nécessité de conjuguer les compétences.
– Création d'un outil de sensibilisation pour permettre aux assistantes sociales régionales d'intervenir sur le sujet lors des réunions régionales des responsables de personnel.
– Projet : participer à l'élaboration d'un module spécifique (prévention du syndrome post-traumatique) dans la formation à la sécurité.

L'observation sociale a une vertu addictive : une fois qu'on a goûté à ses attraits, surmonté ses premières difficultés et fait valoir quelques résultats, il n'est pas rare qu'on s'y consacre plus totalement. On voit alors se développer toutes sortes d'études, d'enquêtes qui nécessitent une préparation spéciale, des entretiens de type sociologique. Ces travaux conduisent souvent à une valorisation importante de compétences pour ceux qui les réalisent et à des positions d'expertise reconnues. Cependant, nous sommes là à la limite de l'observation sociale, au point où elle quitte la pratique quotidienne des intervenants sociaux pour entrer dans celle des sociologues… Et puisque la porte est ouverte, certains prennent leur envol !

En modifiant le regard porté sur les réalités sociales, l'observation sociale change aussi les pratiques.

1. Claire Lecoq, Conseillère chef du Travail, Louisette Sicard, adjointe, service social de la Société générale. Entretien du 22 janvier 1999.

Une aide à la personne mieux maîtrisée, plus efficace

Il ne fait aucun doute que la pratique de l'observation sociale transforme peu à peu le travail quotidien. C'est un constat très largement fait par les intervenants sociaux eux-mêmes, confirmé par de nombreux responsables, même si la plupart des expériences demandent encore du temps pour assurer leurs résultats.

Une prise de distance qui favorise l'écoute

Ces transformations sont dues à la prise de distance qu'occasionne l'observation sociale : prise de distance par rapport au cas individuel, à la pression de la compassion, à l'addition insignifiante d'activités ; prise de distance aussi à l'égard d'une logique exclusivement sociale. Cette aptitude est soulignée par beaucoup de nos interlocuteurs. Maryse Vernochet, conseillère du travail à la RATP, voit l'avantage du temps consacré à la synthèse des informations : « Il y a peut-être une petite perte de temps mais on y gagne du recul. La saisie ne se faisant pas au moment de l'entretien pour l'essentiel, elle permet une prise de distance : c'est un moment de synthèse. Donc professionnellement, c'est un élément positif qualitatif de recul et de meilleure maîtrise des dossiers des agents »[1]. Les assistantes sociales en particulier, soulignent l'impression d'un certain confort apporté par l'introduction de l'observation sociale dans leur travail : moins de stress, moins de poids des relations individuelles, plus de disponibilité d'esprit pour écouter et construire un plan d'action parce que chaque cas est relativisé et pensé sous divers angles. C'est ainsi la qualité du service à la personne qui se trouve renforcée.

« Plus à l'aise pour aider... ». La Poste

Menée par les assistants sociaux de La Poste depuis 1994, l'observation sociale a suscité des changements perceptibles dans les attitudes à l'égard de l'action sociale quotidienne. Témoignage de Bernadette Huckert[2] :

« À travers un cas individuel, on retrouve les phénomènes sociaux. On est amené à donner des explications plus rationnelles que psychologiques ou sentimentales. En voyant mieux les caractéristiques de la personne, la catégorie à laquelle elle appartient, en étant plus disponible psychologiquement,

---

1. Maryse Vernochet, assistante sociale chef, conseillère du travail, RATP. Entretien du 18 février 1999.
2. Bernadette Huckert, assistante sociale-conseillère technique de la délégation Est, La Poste. Entretien du 13 février 1999.

on est plus à l'aise pour aider. L'observation sociale modifie le rapport à l'individu. On comprend que son problème ne lui est pas propre, mais qu'il est vécu différemment… Ainsi on est mieux à même de faire des distinctions entre les différentes aides à apporter, de savoir qui va le faire (les AS ou d'autres)… C'est toute une alchimie qui s'opère. »

Le point de vue de Georges Lefèbvre, directeur des ressources humaines et des relations sociales :

« L'observation sociale est pour les assistants sociaux un moyen de prendre du recul, de replacer leur action dans un ensemble plus vaste, ce qui me paraît nécessaire dans un métier quotidiennement confronté à des situations individuelles éprouvantes et souvent liées à l'urgence. »

La possibilité d'évaluer la qualité du service à la personne

Ainsi, alors que l'idée d'observation sociale est parfois associée seulement à la quantification, les expériences montrent qu'on débouche très vite sur la prise en compte de la qualité du service rendu. La démarche initiée par la Direction générale adjointe chargée de la solidarité (Conseil général du Val d'Oise) témoigne de cette préoccupation : « La quantification n'est pas le maître mot. Encore faut-il donner du sens à l'action. En 1998, une démarche Pilotage a été initiée concernant toutes les directions de la DGAS. Au-delà de l'approche bilan qui consiste à mieux identifier les domaines d'intervention par public et par territoire, il s'agit de se doter d'outils de pilotage en amont de l'action pour améliorer encore l'observation et la connaissance de la demande, ainsi qu'en aval, avec l'évaluation des résultats. On s'interroge ainsi sur la qualité de ce que l'on fait, des prestations que l'on fournit, en introduisant les notions d'efficacité et d'efficience. »[1]

La liaison opérée par l'observation sociale entre connaissance des populations, problèmes à traiter et actions (menées et à mener) conduit à s'interroger sur l'organisation de son travail. Les questions qui ? quoi ? pour quoi ? avec quels résultats ?, structurant l'observation sociale, servent aussi à comprendre la manière dont on travaille. Les démarches expérimentées et appréciées dans l'observation sociale deviennent des outils applicables également pour l'action : constats sur les personnes et les problèmes ; objectifs d'action ; évaluation des résultats. Ainsi, dans le Val d'Oise, la réflexion sur la qualité du service

1. Madame Bannerman, chef du Service des études et de la prospective, Conseil général du Val d'Oise. Entretien du 15 avril 1999.

s'appuie sur cette démarche : « S'interroger sur notre efficacité suppose que les objectifs soient préalablement définis. Chaque direction, dans le cadre de ses missions, décline ses préoccupations et exprime quelle maîtrise elle veut en avoir. Il faut d'abord connaître la demande et son évolution, puis fixer des objectifs, et évaluer les résultats. Par exemple, pour la direction personnes âgées-adultes handicapés, si la préoccupation est de diversifier les modes de prise en charge, elle doit pouvoir maîtriser la connaissance de la demande et son évolution, impulser des actions innovantes grâce à un réseau associatif réceptif et réactif avant de se doter des moyens de mise en œuvre et d'en évaluer les résultats » (*id.*).

D'une démarche d'observation sociale à une démarche d'action : définition ; objectifs ; évaluation. Caisse régionale d'assurance-maladie d'Île-de-France

Le service social de la Caisse régionale d'assurance-maladie d'Île-de-France a évolué dans la formalisation de l'action sociale et dans son évaluation. Il a participé à la conception informatisée du dossier social[1]. Cette élaboration a permis d'engager une réflexion critique sur les pratiques et de nouvelles démarches.

« S'agissant de l'évaluation de l'action, une nouvelle démarche est mise en œuvre : l'évaluation des résultats de l'action. Les indicateurs de résultats demandés sont qualitatifs et se situent par rapport à l'atteinte des objectifs que s'est fixés l'assistante sociale. Ceci va de pair avec une nouvelle formalisation de l'action sociale. Avant, le dossier social était de fait établi de manière chronologique : premier contact, suivi… Avec ANAISS, on a dû réfléchir à cette présentation du dossier et à la possibilité d'introduire une plus grande rigueur dans la formalisation et la clarification par l'assistante sociale de ce qu'elle fait, de ce dont elle va rendre compte au client. D'où l'option de l'action sociale par objectifs pour le contenu d'ANAISS. L'assistante sociale doit déterminer les caractéristiques de la personne, ses problèmes, les objectifs de l'action entreprise. En fonction de cela, elle détermine un plan d'action. À partir de là, la lisibilité de l'action est optimisée par la clarification des priorités, des parallélismes du plan d'action entre les problèmes eux-mêmes, leur traitement et les objectifs à atteindre. »[2]

1. Système ANAISS (Application nationale d'informatisation du service social), créé en avril 1995 par la Caisse nationale d'assurance-maladie des travailleurs salariés. Avis favorable de la CNIL du 28 juin 1994.
2. Madame Girard, assistante sociale, sous-directeur du service social régional, Caisse régionale d'assurance-maladie d'Île-de-France. Entretien du 15 avril 1999.

Une organisation plus rationnelle des interventions sociales

L'application des méthodes de l'observation sociale à l'action conduit ainsi à une gestion mieux maîtrisée de la pratique, par chacun, et par équipe, par service. Sur la base des constats chiffrés et des orientations politiques données, il est possible de fixer des hiérarchies entre les objectifs, d'établir des priorités d'action. À la CRAMIF : « Pour l'accès aux soins, priorité aux personnes relevant de minima sociaux (par application de l'axe : lutte contre les exclusions) et aux jeunes de 16-25 ans. [...] L'important, c'est que les assistantes sociales arrivent à mettre des priorités dans leur action en fonction des orientations nationales, régionales en les adaptant à leurs spécificités locales » (*op. cit.*).

L'observation sociale, par ses effets sur les modes de pensée et d'action, contribue à donner aux interventions sociales des positions reconnues d'interlocuteurs et à construire de nouvelles légitimités.

DES INTERLOCUTEURS MIEUX RECONNUS ET PLUS LÉGITIMES

La pratique de l'observation sociale modifie la position des intervenants sociaux dans l'ensemble du système d'acteurs. C'est une conséquence de la démarche qu'elle suit. L'effort fait pour comprendre la logique d'autres fonctions, pour reconnaître leurs contraintes et leurs objectifs, pour voir les points communs, partageables, ouvre à un positionnement plus politique, apte à saisir la dimension stratégique du social. En développant une culture de l'action sociale en prise sur les modes de pensée et d'action des autres acteurs, l'observation sociale fait des intervenants sociaux des interlocuteurs reconnus, appréciés pour l'expertise qu'ils apportent ; elle leur confère de nouvelles légitimités.

Des interlocuteurs reconnus dans leur expertise sociale

L'observation sociale fait des intervenants sociaux des interlocuteurs. Ce constat, formulé par plusieurs responsables, donne toute la mesure d'une transformation. Reconnaître quelqu'un comme un interlocuteur, c'est admettre qu'un dialogue est possible, que les propos de l'autre sont entendus, perçus comme utiles, constructifs, voire intéressants ; c'est instaurer un rapport d'égalité dans l'échange, au-delà d'autres différences, statutaires ou sociales. Comme l'explique

Claude Loignon [1], « les assistants sociaux (de La Poste) se rendent compte que l'observation sociale est un moyen de se positionner comme interlocuteurs valables par rapport à la hiérarchie, au niveau local. "Interlocuteur" ne veut pas dire : venir me parler de son cas social, mais contribuer à ma politique en apportant des éléments de connaissance, des problèmes posés collectivement, que je n'aurai nulle part ailleurs. »

La position d'interlocuteur

Cette position d'interlocuteur se marque en particulier par une aptitude à dépasser la simple présentation d'un point de vue (à prendre ou à laisser !) et à négocier. C'est une façon de construire un point de vue commun, un plan d'action à plusieurs : compétence capitale pour aider à démêler la complexité des situations sociales.

« La remontée d'informations est un moyen de négociation et d'argumentation avec les partenaires, affirme Madame Girard, en se fondant sur son expérience à la CRAMIF. Les sollicitations des partenaires se multiplient dans le cadre de différentes conventions de coordination, plans départementaux, commissions sociales d'urgence... Face à des partenaires de poids, pour arriver à se faire entendre, il faut des arguments, des éléments chiffrés, exposer les résultats des expériences précédentes, prendre en considération leurs objectifs pour démontrer que telle option envisagée ne donnera pas les résultats escomptés et faire des propositions plus adaptées aux besoins évalués » (*op. cit.*). Cette capacité de négociation a pris corps dans plusieurs expériences que nous avons citées : à la Société Générale, à propos de l'aide apportée aux victimes d'agression, du surendettement, dans des CAF, des observatoires locaux, à La Poste, etc. « Si un assistant social se contraint à faire un bilan régulier de ses observations, constate Claude Loignon, il est beaucoup plus fort quand il va voir des interlocuteurs pour des demandes d'aide, d'amélioration d'équipements collectifs ; il est beaucoup plus fort s'il arrive avec une démarche claire, des constats étayés, la discussion est plus riche. Il devient un interlocuteur intéressant pour un politique. Je suis sûr que les effets que nous avons constatés ici sont reproductibles au niveau local. »

1. Claude Loignon, responsable de l'Observation sociale, La Poste. Entretien du 21 décembre 1998.

Des techniciens du social

L'observation sociale introduit à une position d'expertise reconnue. Cette reconnaissance se manifeste en particulier par des demandes d'informations de la part des dirigeants. Cette inversion de la communication de départ (remontée d'informations des intervenants sociaux vers les directions) marque le point d'aboutissement de la démarche d'observation sociale : intéressé par des apports antérieurs, le destinataire se fait demandeur de nouvelles informations. Claude Loignon : « Au départ, en s'appuyant sur les rapports annuels, on avait l'idée de faire émerger soit de nouvelles populations à risque social, fragilisées, soit de nouveaux types de problèmes. Et puis, on s'est dit : pourquoi ne pas inverser de temps en temps la demande, interroger les assistants sociaux ? Si un syndicat soulève le problème de personnes particulièrement vulnérables à l'endettement, on formule une demande précise aux assistants sociaux : constatez-vous chez vous une augmentation de personnes en situation de surendettement et qui auraient telles et telles caractéristiques ? C'est ce système que je veux développer : qu'elles fassent remonter de l'information et également qu'on pense à les solliciter »[1]. Cette demande est une forme de reconnaissance de l'expertise et surtout une incitation à la développer. On voit ainsi des assistants sociaux, des membres d'associations jusque-là peu insérés dans les réseaux d'action, sollicités pour participer à des réunions parce qu'on a lu et apprécié leur rapport. « Les assistantes sociales sont reconnues d'une tout autre manière qu'auparavant. Comme experts. Les AS deviennent quelqu'un à qui on va penser quand on monte un groupe de travail ; elles y sont invitées, je dirais... en tant que "conseiller technique social". On leur demande de prendre en charge des groupes... C'est cela : elles sont reconnues comme conseillers techniques experts du social. Et il y a une réalité derrière ces mots. ».[2]

1. Claude Loignon. Entretien du 21 décembre 1998.
2. Josyane Burnichon, assistante sociale, conseillère technique d'Île-de-France, La Poste. Entretien du 13 février 1999.

De nouvelles légitimités

> L'observation sociale fournit aux équipes et aux intervenants sociaux individuellement, des atouts pour renforcer leurs légitimités et en construire de nouvelles : en développant leurs compétences, en favorisant l'intégration dans un système de relations.

Les exemples que nous avons analysés montrent amplement comment l'observation sociale conduit à des situations de plus grande légitimité. Nous définissons la légitimité comme le droit reconnu à une personne ou à un ensemble de personnes (service social, association) de dire ou de faire quelque chose au nom de certains principes ou certaines valeurs. [1]

La formalisation des données, la quantification, le respect de la vie privée sont quelques-uns de ces principes, susceptibles d'être partagés. Mais c'est surtout la capacité à articuler différents points de vue, à saisir les problèmes de l'autre – dirigeant, autre acteur du social –, à leur apporter des réponses qui confère une légitimité : légitimité de compétence principalement, qui vient renforcer la légitimité propre de l'institution.

Ce constat d'un accroissement de légitimité est fait par tous les intervenants sociaux qui sont engagés dans l'observation sociale : « Apprendre à formaliser leurs observations a un effet dynamisant pour les assistantes sociales. Elles se distancient d'un vécu dans lequel elles sont très engagées affectivement. Leur action est valorisée à l'extérieur, prend de la valeur à leurs yeux. Elles gagnent en légitimité... » (CAF de Creil [2]). « La légitimité passe par les travaux produits. Depuis cinq ans nous travaillons sur les agressions. Maintenant, nous sommes légitimes. Nous apportons des connaissances et des compétences. Nous menons des actions efficaces et utiles que nous sommes les seules à conduire dans l'entreprise. [...] Les assistantes sociales elles-mêmes se sentent légitimées. Ce ne sont pas seulement les autres qui nous reconnaissent légitimes. » (Société Générale [3]).

---

1. *Cf.* Hélène Hatzfeld, *Construire de nouvelles légitimités en travail social*, Dunod, 1998.
2. Bertrand Dubreuil, sociologue, chargé d'études, CAF de Creil (Oise). Entretien du 18 février 1999.
3. Claire Lecoq, conseillère chef du Travail, Louisette Sicard, adjointe, service social de la Société générale. Entretien du 22 janvier 1999.

À ce sentiment de légitimité exprimé par les intéressés fait écho le point de vue des décideurs, cadres administratifs locaux ou d'entreprise : « Les assistantes sociales sont beaucoup plus légitimes depuis qu'elles pratiquent l'observation sociale [...]. Les informations qu'elles ont fait remonter dans leurs rapports ces dernières années ont mis en évidence des problèmes dont on n'avait pas perçu toute l'importance [...]. Ces exemples montrent que l'observation sociale est devenue légitime. Il est reconnu comme légitime que l'assistante sociale puisse interpeller à un moment donné. » (La Poste [1])

Nous avons mis en évidence les effets les plus remarquables de la pratique de l'observation sociale par les intervenants sociaux. S'ils sont partout constatés, ils ne prennent pas la même ampleur. Il faut du temps pour que les façons de penser et d'agir s'infléchissent, que les bénéfices l'emportent sur les craintes et la routine. Il faut du temps pour que la méthodologie de l'observation sociale s'éprouve, que les premières tentatives soient perçues, qu'on ait le sentiment de part et d'autre que quelque chose a changé, que des fenêtres s'ouvrent... Les effets de l'observation sociale varient aussi selon la manière dont sont impliqués les intervenants sociaux. Plus ils participent à ses différentes formes – de la synthèse quantifiée des personnes reçues à la formulation des constats et des interprétations –, plus ils intègrent la démarche de l'observation sociale dans leur pratique quotidienne et en font leur nouvelle culture. Enfin, les effets de l'observation sociale sont tributaires des relations dans lesquelles elle s'exerce : à chaque institution, entreprise, administration, association..., son système d'acteurs, ses règles écrites ou tacites, son histoire, des rôles hérités qui obligent à secouer le cocotier avec prudence... D'où l'importance de la phase de préparation.

1. Claude Loignon, responsable de l'Observation sociale, La Poste. Entretien du 21 décembre 1998.

Les effets de la pratique de l'observation sociale par les intervenants sociaux sont plus induits que directs.

La remontée d'informations constitue un outil d'aide à la décision. Elle joue un rôle intéressant par sa complémentarité avec d'autres sources, mais aussi un rôle de révélateur dans certains cas. Les constats servent d'indicateurs susceptibles d'orienter la décision : indicateurs de la gravité et de l'ampleur d'un phénomène ou de son évolution, indicateurs de risque. L'aide à la décision repose aussi sur la capacité à articuler constats et propositions.

L'effet le plus visible de l'observation sociale se traduit par des changements dans la conception et la pratique des interventions sociales. L'attitude de formalisation des observations, l'ouverture à d'autres logiques que la logique sociale, en se transposant dans l'action quotidienne, modifient les positions. De nouvelles compétences s'expérimentent, de nouvelles légitimités se construisent : l'observation sociale fonde une expertise du social.

Liste des fiches méthodes

Liste des exemples

Bibliographie

ANGLARET P., « La fonction d'observation régionale », *Informations sociales,* « Observer le social », 27, 1993.

APARCS (Association pour la promotion de l'action et de la recherche culturelles et sociales). *Observer et diagnostiquer. Guide méthodologique pour l'approche des terrains d'intervention de la prévention spécialisée*, Conseil général, Département du Nord, juin 1992, 1e éd. 1989.

APCG (Assemblée des présidents des conseils généraux de France), *Les travailleurs sociaux : crise du recrutement et formation. Analyse et éléments pour une stratégie*, étude réalisée par l'IPTR, 1993.

BAECHLER J., *Les suicides*, Calmann-Lévy, 1975.

BAUDELOT C., ESTABLET R., *Durkheim et le suicide,* Paris, PUF, 1993, 1e éd. 1984.

BOUDON R., *La logique du social*, Paris, Hachette, Pluriel, 1983, 1e éd. 1979.

BOUDON R., *L'inégalité des chances. La mobilité sociale dans la société industrielle*, Paris, Armand Colin, 1973.

CHOFFEL P., LE TOQUEUX J.-L., « Une approche statistique des quartiers de la politique de la ville », in *En marge de la ville, au cœur de la société, ces quartiers dont on parle*, L'Aube, 1997.

COURET A., IGALENS J., *Audit social*, Paris, PUF, Que sais-je ?, n° 2399, 1988.

CROZIER M., FRIEDBERG E., *L'acteur et le système*, Paris, Le Seuil, coll. Points, 1977.

DEBORDEAUX D., « L'observation sociale au service de l'action », *Recherches et prévisions*, CAF, 46, 1996.

DELAPORTE L., « Le jeu de l'observatoire social : voile ou partage ? », *Vie sociale,* 1, 1996.

DONZELOT J., « Conditions d'émergence des observatoires sociaux territoriaux. Recherche MIRE », *Vie sociale*, 1, 1996.

DUBOUCHET L., « La connaissance du social. Les enjeux d'aujourd'hui », *in* Gérard Martin (dir.), *La dynamique des politiques sociales. Observation. Management. Évaluation,* Paris, L'Harmattan, 1998.

GIRAUD C., « L'observation sociale : une autre conception de l'organisation », *Revue française de gestion,* janvier-février 1992.

HATZFELD H., *Construire de nouvelles légitimités en travail social,* Paris, Dunod, 1998.

HATZFELD H., RINGART N., *Les partenaires territoriaux des politiques sociales : leurs attentes concernant la formation des travailleurs sociaux*, Rapport, université Paris-Nord, multigr, 1994.

IGALENS J., LOIGNON C., *Prévenir les conflits et accompagner les changements. L'observation sociale au service des entreprises et des administrations*, Paris, Maxima, Laurent du Mesnil Éditeur, 1997.

JOBERT B., *Le social en plan*, Paris, Éditions ouvrières, 1981.

KOHN CANTER R., *Les enjeux de l'observation*, Paris, Économica, Anthropos, 1998, 1e éd. 1982.

LENOIR R., *Les exclus. Un Français sur dix*, Paris, Le Seuil, 1974.

LENOIR R., « Objet sociologique et problème social », *in Initiation à la pratique sociologique*, P. Champagne, R. Lenoir, D. Merllié, L. Pinto, Paris, Dunod, 1989.

LE PLAY F., *Instruction sur l'observation des faits sociaux selon la méthode des monographies de familles propre à l'ouvrage intitulé « Les ouvriers européens »,* Nouvelle édition, Paris, Société d'économie sociale, 1887.

« L'observation sociale, mode ou nécessité », *Revue française de service social*, 177-178, 1995.

LOPEZ A., « L'outil statistique », *Informations sociales*, « Observer le social », 27, 1993.

MAMOU Y., *Parents à charge*, Paris, Grasset, 1998.

MARTIN G. (sous dir. de), *La dynamique des politiques sociales. Observation. Management. Évaluation.* Paris, L'Harmattan, 1998.

MARTIN G., « L'observation sociale, une démarche salutaire », *Revue française des affaires sociales*, juillet-septembre 1992.

MÉNARD F., « À propos de la pertinence et de la cohérence des outils d'observation. Synthèse réalisée par F. Ménard à partir d'un échange avec Michel Villac et Pierre Strobel », *Revue française des affaires sociales,* hors série, « Politiques sociales et territoires », novembre 1996.

MONOD J., *Le hasard et la nécessité*, Paris, Le Seuil, 1970.

MORIN E., *La méthode. 1. La nature de la nature*, Paris, Le Seuil, 1977.

Observatoire national de l'action sociale décentralisée, *Observer pour agir. Guide des partenaires du développement*, Paris, Ministère de l'Équipement, Direction de l'architecture et de l'urbanisme, Service technique de l'urbanisme, Observatoire des phénomènes urbains, 1991.

Observatoire national de l'action sociale décentralisée, *L'observation de l'enfance en danger : guide méthodologique*, Paris, Odas Éditeur, 1995.

Observatoire national de l'action sociale décentralisée, *Vieillissement et cohésion sociale : mieux observer pour mieux décider*, Odas Éditeur, 1995.

PICARD D., *La veille sociale*, Paris, Vuibert Gestion, 1991.

« Politiques sociales et territoires », *Revue française des affaires sociales*, hors série, novembre 1996.

QUIVY R., VAN CAMPENHOUDT L., *Manuel de recherche en sciences sociales*, Dunod, 1988.

RMI : le pari de l'insertion, Rapport de la commission présidée par Pierre Vanlerenberghe, Paris. La Documentation française, 2 tomes, mars 1992.

SAUVAGE P., « De l'observation à l'évaluation », *Informations sociales*, « Observer le social », 27, 1993.

SPIEGELSTEIN J., « Le service des assistants sociaux de la Poste », *Revue française de service social*, « Pratiques sociales actuelles », 177-178, 1995.

Index

044242 - (I) - (1,5) - OSB 100° - PPC

Achevé d'imprimer sur les presses de la
SNEL S.A.
rue Saint-Vincent 12 – B-4020 Liège
tél. 32(0)4 344 65 60 - fax 32(0)4 343 77 50
janvier 2000 - 15376

Dépôt légal : février 2000